GODS LIEFDE VOOR MOSLIMS

Het overbrengen van de Bijbelse boodschap van genade en een nieuw leven

GODS LIEFDE VOOR MOSLIMS

Het overbrengen van de Bijbelse boodschap van genade en een nieuw leven

Ibrahim Ag Mohamed

Metropolitan Tabernacle, Londen

GODS LIEFDE VOOR MOSLIMS
Het overbrengen van de boodschap van Bijbelse genade en een nieuw leven

Herdruk in 2016
Vertaling in 2022

Oorspronkelijke titel: God's Love for Muslims, Communicating Bible Grace and New Life
Uit het Engels vertaald door: Simone A. Fuite
Taalcorrectie door: Cornelis R. Alderliesten

Gepubliceerd door de Metropolitan Tabernacle
Elephant & Castle
Londen, SE1 6SD
www.metropolitantabernacle.org

ISBN 978 1 899046 79 9

Omslagontwerp en vormgeving: Andrew Owen

Gedrukt in het Verenigd Koninkrijk

Inhoudsopgave

Vandaag de dag heeft bijna iedereen wel een mening over de islam. Het doel van dit boekje is om een heldere uitleg te geven over de islam, voorzien van een praktische handreiking voor het evangeliseren onder moslims.

Deel I

DE ISLAM

Snelle groei en uitbreiding van de islam

'De godsdienst voor Allah is islam (onderwerping aan zijn wil)...' (Soera 3 vers 19)[1]

ER ZIJN MOMENTEEL meer dan een miljard moslims op de wereld. Na het christendom heeft de islam de meeste aanhangers. Het is de snelst groeiende wereldgodsdienst, en dat niet vanwege nieuwe bekeringen, maar door een natuurlijke aanwas van de moslimgemeenschap (wat voornamelijk komt door de praktijk van de polygamie). Elk jaar worden er 30 miljoen moslims geboren. De islam heeft zich vanuit het Midden-Oosten verspreid over de hele wereld, en is dominant in veel landen. Het maakt een significante

1 Soera (Surah) betekent hoofdstuk. De Koran is opgedeeld in 114 hoofdstukken, waarvan 6239 verzen of ayah, wat teken betekent. (Ayatollah bijvoorbeeld, betekent teken van Allah. Er komen kleine verschillen voor in de versnummering tussen de verschillende versies van de Koran.

opmars door in westerse landen en de voormalige Sovjet-Unie (waarschijnlijk al meer dan 80 miljoen moslims). Zo ook in delen van China.

De volgende feiten over de snelle groei van de islam in Engeland zullen je verbazen. Het is niet mijn bedoeling om weerzin op te wekken, maar om een liefde aan te wakkeren voor evangelisatie. We lezen in 'Church around the World' (18, nr. 1, 1987) dat er in 1945 maar één moskee in Engeland te vinden was. Vandaag zijn het er meer dan 1000, en wonen er meer dan twee miljoen moslims in ons land (Engeland – noot van de vertaler), terwijl het er 40 jaar geleden nog 100.000 waren. Er zijn nu meer moslims dan rooms-katholieken. Vanaf 1960 zijn er inmiddels 10.000 kerken gesloten. De verwachting is dat in 2020 4000 andere kerken hun deuren zullen sluiten, terwijl er naar alle waarschijnlijkheid zo'n 1700 nieuwe moskeeën geopend zullen worden. Veel van deze moskeeën zullen hun samenkomsten houden in voormalige kerkgebouwen. Het kerkgebouw bijvoorbeeld van de gemeente die William Carey (de oprichter van de hedendaagse zendingsmissies) uitzond naar India, is tegenwoordig een moskee (World Christian Magazine, februari 1989).

Men zegt dat momenteel zo'n 30.000 blanke Engelsen zich hebben bekeerd tot de islam. Dit aantal groeit met drie tot vijf bekeerlingen per dag, voornamelijk door Engelse vrouwen die het huwelijk aangaan met een moslim. Respectievelijk 12 en 21 procent van de bevolking in Londen en Birmingham bestaat inmiddels uit moslims.[2]

In sommige Europese landen zijn er moslims die hopen dat kerken in gebruik zullen worden genomen als moskeeën. Zij beschouwen dit als een vanzelfsprekendheid en geloven dat het ook daadwerkelijk zal plaatsvinden. Zij zien het als een groot succes wanneer een kerk wordt gesloten en er een moskee voor in de plaats komt. Er

2 Office for National Statistics, 2011 Census

komen steeds meer sharia rechtbanken bij met het goedvinden van moslims, wat tegelijkertijd een sterke afkeer laat zien voor de westerse wetgeving die gebaseerd is op christelijke grondwaarden. Volgens 'The Independent' (1 december 2014), staat de naam van de profeet Mohammed in verschillende varianten in de top-tien van jongensnamen. Tenminste vier varianten op de naam Mohammed hoorden bij de meest populaire jongensnamen in 2011 in Amerika, volgens de Social Security Administration. [3] Een recente uitgave van de krant 'Times' schrijft dat al een tiende van alle baby's en peuters in Engeland moslim is. De kans is groot dat er op een gegeven moment meer moslims dan christenen zullen zijn in het Verenigd Koninkrijk.

Een sterk verlangen naar de overheersing van het westen en de rest van de wereld

De islam groeit en bloeit overal ter wereld. De liberale westerse democratieën hebben politieke en sociale systemen in zich die het zaad van hun eigen ondergang bevatten. Er zijn in Europa meer dan 24 miljoen moslims. Het is niet moeilijk om uit te rekenen dat in de nabije toekomst de moslimpopulatie de grootste zal zijn.

- Tenminste 65 landen in de wereld zijn islamitisch, waarvan Indonesië de grootste moslimbevolking heeft.
- Het Midden-Oosten is uitsluitend islamitisch; het uiteenvallen van de Sovjet-Unie zorgde voor het ontstaan van nog eens zes islamitische landen (Kazachstan, Turkmenistan, Oezbekistan, Tajikistan, Kirgistan en Azerbeidzjan).
- In de Verenigde Staten wordt elke week een nieuwe moskee geopend. Waren er in 1990 nog 30 moskeeën, nu zijn het er al meer dan 3000.
- Moslims noemen Afrika het islamitische continent.
- In Australië waren er in 1955 slechts 800 moslims terwijl het er nu meer dan een half miljoen zijn.

3 **http://religion.blogs.cnn.com – 14 augustus 2012**

- Er zijn miljoenen moslims in Frankrijk (voornamelijk afkomstig uit Noord-Afrika), en meer dan 2000 moskeeën. Op sommige vrijdagen lopen de straten vol met moskeebezoekers omdat in de gebouwen te weinig ruimte is. In 1974 was er nog maar één moskee in heel Frankrijk te vinden. Vandaag de dag registreert de 'Grote Moskee' in Parijs 600 tot 700 nieuwe bekeerlingen per jaar.
- In Duitsland zijn er vier miljoen moslims (waarvan de meerderheid afkomstig is uit Turkije) en 2000 moskeeën.
- Er zijn meer moslims dan protestanten in België. Een kwart van de geboortes vindt plaats in moslimgezinnen.
- De islam heeft een groeiende invloed op de Nederlandse samenleving. Op een van de pleinen in Rotterdam staat een moskee met een opschrift in het Arabisch: 'dit is een voormalig kerkgebouw'.
- Elk jaar immigreren er zo'n half miljoen moslims naar Europa.

Een manier van leven

De islam is in veel opzichten uniek. Het is van groot belang om moslim genoemd te worden. Islam is niet alleen een godsdienst, het is veel meer dan dat: een beschaving, een cultuur en een staat. Het is een manier van leven die alle aspecten van de samenleving en systemen omvat, waaronder religieuze-, politieke-, sociale-, economische-, ideologische-, onderwijskundige-, militaire- en rechtssystemen. Het is een ideologie waarin geen ruimte is voor persoonlijke vrijheid. Democratie, een vrije wil en vrijheid van meningsuiting worden sterk afgekeurd.

Er bestaat geen scheiding tussen kerk en staat. Dit verklaart waarom moslims geen verschil zien tussen het christelijk geloof en de westerse cultuur. Ze beschouwen christenen en rooms-katholieken als een en hetzelfde. Ook gaan zij er vanuit dat elke (westerse) blanke ook meteen christelijk is. Men kijkt naar het westen en ziet een maatschappij waarin men zich te buiten gaat aan genot; waar de moraal ten onder gaat en ongeloof hoogtij viert, en waarin de politieke en kerkelijke leiders moreel corrupt zijn. Hun eigen gebreken en verdeeldheid zien ze over het hoofd en zien alleen op de verdeeldheid onder christenen en de morele ondergang van de westerse samenleving.

Eén ideologisch streven

'Strijd net zolang tegen hen totdat er geen afgoderij meer is, en de religie van Allah alleenheerschappij heeft…' (Soera 2 vers 193).

De islam is de enige wereldgodsdienst die opkwam tijdens de beginperiode van de christelijke kerk. Moslims geloven dat zij bevoorrechte en superieure mensen zijn, de besten ooit sinds mensenheugenis (Soera 3 vers 110; 5 vers 56) omdat aan hen de meest overheersende godsdienst is gegeven. In de meeste islamitische landen is het verboden om christelijke vrienden te hebben (Soera 5 vers 51). Zij worden beschouwd als tweederangs burgers, "ongelovigen"; er wordt op hen neergekeken zoals op honden en varkens (wat onreine dieren zijn volgens moslims).

Het ideologische streven van de islam is het doordrenken van de hele wereld met hun geloof, om vervolgens een religieuze wereldstaat in het leven te roepen, die geregeerd zal worden door middel van de Sharia (de godsdienstwetgeving van de islam) en het Kalifaat. Er wordt van elke moslim verwacht dat hij iedereen zal onderwerpen aan de islam. Men gelooft dat de islam de overheersende godsdienst moet zijn (Soera 9 vers 33). Het gegeven dat er momenteel veel gematigde moslims zijn die geen ernst maken met het onderwerpen van anderen aan hun godsdienst (in Engeland bijvoorbeeld) zal al snel omslaan door het streven naar één islamitische staat, zodra de moslimgemeenschap in de meerderheid is.

Een aantal nuchtere feiten

De steden van de zeven gemeenten, waarover we lezen in de Openbaringen aan Johannes (Efeze, Smyrna, Pergamus, Thyatira,

Sardis, Philadelphia en Laodicea)– in het hedendaagse Turkije – zijn nu allen onder islamitisch bestuur. De meerderheid van hen werd al afvallig van het christelijk geloof voordat de islam tot stand kwam.
Veel welbekende plaatsen en landen uit de Bijbel zijn nu onder islamitische overheersing.
Het moderne Israël (als een politieke eenheid) komt op geen enkele Arabische landkaart voor.
Egypte, de bakermat van het christelijke kloosterleven en eens het centrum van de christelijke theologie van Origenes tot Athanasius, staat nu onder islamitisch bewind.
Noord-Afrika, de plaats waar alle westerse theologie zijn wortels heeft, en waar de kerkvaders Tertullianus, Cyprianus en Augustinus hebben gediend, is nu ook onderdeel van de islamitische wereld.
De Romeinse provincies van Klein-Azië waar Paulus zijn vroege zendingsreizen gehouden heeft en waar het grootste deel van de christelijke theologie zijn herkomst heeft, zijn nu allen islamitische provincies.
Van de vijf grote steden in de vroege kerk – Rome, Constantinopel, Alexandrië, Antiochie en Jeruzalem – is alleen Rome nog niet onder islamitisch overheersing.

De islam – toch niet zo eensgezind...

Er zijn moslims die niet toe willen geven dat de islam is opgedeeld in verscheidene sekten die elkaar naar het leven staan. De islam kent meer dan 150 verschillende religieuze groeperingen waarvan Soennieten (90%) en Sjiieten (10%) de meerderheid uitmaken. Laatstgenoemde vindt men vooral in Iran, maar ook wel in Irak, Afghanistan, Syrië, Pakistan, Libanon, Bahrein en Jemen. Iran is het enige land waarvan de regering uitsluitend sjiitisch is.
De soennieten – volgers van de 'Soena' of weg – baseren hun geloof op de Koran, maar ook op de tradities volgens de Hadith.[4]

4 De verzamelde woorden en daden van Mohammed

De Hadith is pas meer dan 200 jaar na de dood van Mohammed samengevoegd.[5]

De Soennieten erkennen de vier Kaliefs of opvolgers (Abu Bakr, Umar, Uthman en Ali) als de enige ware opvolgers van de profeet van de islam. Gedurende het Uthman Kalifaat (AD 644-656) is één tekst van de Koran officieel als gezaghebbend erkend, en zijn alle overige versies verbrand om elkaar tegensprekende teksten uit te bannen. Het is dus ook niet juist dat moslims claimen dat er altijd maar één versie van de Koran is geweest.

De sjiieten worden zo genoemd omdat zij tot de partij van Ali behoren, de Shi'at 'Ali (Shi'at betekent sekte of scheuring). Zij beschouwen alleen Ali (schoonzoon en neef van Mohammed) als de wettelijke opvolger en nakomeling van de profeet, samen met de twaalf imams (of leiders) die direct van hem afstammen. De sjiieten zijn onderverdeeld in verschillende sekten met een variatie aan orthodoxie in de leer, waaronder de Druzen, de Ismaëlieten en de Kharijis.

De soefieten (welke voorkomen in alle stromingen van de islam) vertegenwoordigen de meer mystieke stroming binnen de islam.

De twee groepen, de sjiieten en de soennieten, hebben verschillende tradities die elkaar tegenspreken, en hebben weinig respect voor elkaar. Historisch gezien hebben de soennieten de sjiieten altijd proberen te vervolgen, tot op de dag van vandaag, en dit kan gepaard gaan met hevige, gewelddadige uitbarstingen.

Wat houdt de islam in? Een definitie

Het hebben van een algemene kennis over de islam en de gebruiken van moslims is heel nuttig als we zoeken naar mogelijkheden om met moslims over de Heere Jezus te spreken, en aan hen de Bijbelse boodschap van zaligmakende genade door te geven.

Het woord 'islam' (wat komt van het Arabische aslama) betekent

5 De Islam is in de zevende eeuw door Mohammed ontstaan (570-632).

onderwerping of ook wel ‘het je toevertrouwen aan’. Het betekent geen vrede, wat weleens wordt gesuggereerd. Daarom is een moslim iemand die zich onderwerpt aan Allah (of God), aan zijn profeet en aan de Koran. Het is een vanzelfsprekendheid waar geen vragen over gesteld mogen of kunnen worden. ‘Je hebt niet geloofd totdat je kunt zeggen, we hebben ons onderworpen (Soera 49 vers 14; 5 vers 111). Het kan het beste worden gedefinieerd als de verhouding van een meester tot zijn slaaf, niet als een vader-zoonrelatie. Er is geen sprake van een nauwe omgang tussen God en mens. De relatie van een mens tot God is dat van een slaaf (abd) tot zijn meester. De mens is niet geschapen naar het beeld van God, maar als zijn slaaf. Abdullah (slaaf van Allah) is dan ook een veelvoorkomende naam onder moslims (en staat overduidelijk ver af van de Bijbelse leer van ‘de aanneming tot kinderen’).

Ook al kwam de islam op na het Judaïsme en het christendom (de islamitische kalender begint ongeveer op 16 juli 622), toch beweren moslims dat het de oudste godsdienst is. Zij geloven dat de islam begon bij Adam, de eerste mens, niet met Mohammed die rond het jaar 570 werd geboren. Toch zegt Soera 6 vers 14, 163 dat Mohammed de eerste was die zich aan Allah onderwierp, en zo moslim werd. Ergens anders staat dat Mozes de eerste moslim was (Soera 7 vers 143). Men beweert dat Noach, Abraham (Soera 3 vers 66; 4 vers 125), David, Salomo, Johannes de Doper, de Heere Jezus Christus met zijn discipelen (behalve Paulus die beschuldigd wordt van het vervalsen van het evangelie van Christus) allen moslims waren (Soera 5 vers 11; 6 vers 85-87).

In tegenstelling tot het christendom gelooft men zelfs dat elk kind – waar ook ter wereld – als moslim geboren wordt.

Moslims geloven dat hun godsdienst de grootste en mooiste religie is, en dat God het heeft ingesteld als het enige ware geloof (Soera 2 vers 112; 4 vers 125). De islam is niet vernoemd naar zijn oprichter, zoals wel het geval is bij het christendom en het boeddhisme. Dit is dan ook één van de redenen waarom moslims geloven dat hun religie van God komt. Ze zeggen dat de naam islam hen uitdrukkelijk door Allah zelf gegeven is.

Wat geloven moslims?

DE ISLAM CLAIMT een universele godsdienst te zijn, voor mensen overal ter wereld, van welk ras of stand ook, zonder enige uitzondering. Ook al zijn er veel verschillende groeperingen binnen de islam, er is nog altijd een sterk gevoel van eenheid en eensgezindheid als het gaat over de basis van het geloof en de manier van leven. Zij geloven dat hun geloof eenvoudig is, in tegenstelling tot het christelijk geloof wat zij maar ingewikkeld vinden. Zij praktiseren dezelfde gebruiken en rituelen op dezelfde tijd, en dat overal ter wereld. Hun godsdienstige gebruiken lijken overal hetzelfde te zijn. Ook al zijn er onderling wat minimale verschillen in de praktijk van alle dag, er is één gemeenschappelijke deler: één God, Allah, en Mohammed zijn profeet (of boodschapper).

Zij bidden op dezelfde wijze, lezen de Koran en zeggen delen uit hetzelfde boek (de Koran) op, en gebruiken zelfs dezelfde openingswoorden bij elk gebed. Tijdens het gebed keert men zich in de richting van de 'Ka'aba' (de heilige steen) in Mekka; men eet hetzelfde voedsel (halal, wat 'naar de wet' betekent); zij kleden en gedragen zich vrijwel op dezelfde manier. (In westerse samenlevingen

wordt echter vaak moderne, modieuze kleding gedragen.)
De islam omvat naast geloofsovertuigingen ook voorschriften voor het leven van alle dag, de 'Iman' (het geloof) en de 'Din' (de religieuze gebruiken die uit het geloof voortvloeien). Om een gelovige te worden, moet een moslim zes artikelen geloven, waarvan er vijf worden aangehaald in Soera 4 vers 136: 'Een ieder die ontkent dat Allah bestaat, of zijn engelen, of zijn boeken, of zijn boodschappers of de oordeelsdag, is ver afgedwaald'. Een moslim moet zijn geloof openlijk belijden, belijden met de tong, en geloven met het hart (precies hetzelfde wat van ons als christenen wordt gevraagd in Romeinen 10 vers 9 en 10). Ook al is er veel diversiteit onder moslims, dit is wat hen samenbindt.
Hieronder volgen de zes geloofsartikelen (iman mufassal), die worden beschouwd als universeel en onbetwistbaar.

1. Allah (god)

Moslims geloven vanuit de grond van hun hart dat er één God is, Allah. De Koran probeert dit niet te bewijzen of in twijfel te trekken, net zoals de Bijbel dat ook niet doet. De leer van de drie-eenheid, echter, wordt grondig ontkend en verworpen. Atheïsme komt onder hen niet voor en wordt als een grote zonde beschouwd. Het wordt als vanzelfsprekend gezien dat iedereen in God gelooft. Iedereen die beweert dat er geen God is, is een dwaas. De Bijbel zegt hetzelfde, zoals we kunnen zien in Psalm 14 (vers 1 en zie ook psalm 53 vers 1), waar de psalmist schrijft dat 'De dwaas zegt in zijn hart, er is geen God'. Hun geloof in God omvat de volgende vier aspecten.

a) De geloofsbelijdenis

'Er is geen God dan Allah en Mohammed is zijn profeet' (La ilaha ill'Allah wa Muhammadun rasul Allah). Elke moslim moet deze simpele, maar absoluut noodzakelijke geloofsbelijdenis hebben uitgesproken. Het wordt hen van jongs af aan met de paplepel ingegoten. Moslims zullen altijd proberen om christenen, of mensen uit het westen over te halen om deze geloofsbelijdenis na te zeggen. Het wordt als een enorme overwinning beschouwd wanneer iemand uit de westerse landen zich heeft bekeerd tot de islam.

Deze belijdenis weegt zwaarder dan 'alle zeven hemels en de zeven werelden' bij elkaar (moslims geloven dat er zeven hemelen zijn en dat de aarde uit zeven verschillende lagen of delen bestaat – Soera 67 vers 3-5). Zij geloven in één God (monotheïsme) , Allah, een enig God die alleen woont. De drie-enige God van de Bijbel is een vloek voor hen.

De geloofsbelijdenis wordt ook wel 'Tahweed' genoemd, wat de eenheid van God betekent. Ook al wordt het nergens letterlijk in de Koran genoemd, het wordt als wezenlijk beschouwd. Allah heeft geen gelijke, heeft geen echtgenoot en, absoluut geen zoon. Dat maakt het voor moslims de meest verschrikkelijke zonde om te geloven in de Goddelijke drie-eenheid, zoals christenen dat doen. Dat staat voor hen gelijk aan godslastering. Zij blijven consequent bij hun overtuiging dat het in de Bijbelse drie-eenheid gaat om drie verschillende goden, ook al proberen wij het tegendeel te bewijzen (Soera 4 vers 171; 5 vers 72).

Een van de kortste en meest geciteerde hoofdstukken uit de Koran zegt: 'Hij, Allah is één, de enige, de absolute; hij brengt niet voort, noch is voortgebracht; en er niemand aan hem gelijk' (Soera 112 vers 1-4; Soera 19 vers 88-89). Om een menselijk wezen te verenigen met Allah is de grootste zonde en de enige zonde die niet vergeven kan worden (wat 'shirk' wordt genoemd) en er staat de doodstraf op. Het doden van een godslasteraar is onderdeel van de 'jihad', of 'heilige oorlog' en de dader wordt beloond met de gunst van Allah. Niemand kan tot Allah pleiten voor het behoud van een ongelovige (infidel) of voor het behoud van iemand die Allah gelijk stelt aan een ander wezen (mushrik). Dit betekent dat de oproep aan moslims tot bekering en het geloven in Jezus Christus erop neerkomt dat men hen vraagt de onvergeeflijke zonde te doen. Mohammed zegt dat een

moslim die van geloof verandert, gedood moet worden (Al-Bukhari 84 vers 57 [6]).
Dit is de reden waarom evangelisatie en bekeringen in de meeste moslimlanden zijn verboden. Het is duidelijk dat de angst voor deze zonde en de gevolgen ervan, zoals alles verliezen wat je op aarde hebt en het verlies van het eeuwige leven, de grootste barrière is voor de bekering van moslims. Wat zou dit ons aan moeten sporen om voor hen te bidden en de Heere te smeken dat Hij hun verstand verlicht. De islam lijkt wel bedacht te zijn om het christelijk geloof te ontkennen en zijn wezenlijke punten aan te vallen.

b) De voortreffelijke namen van Allah

De naam van Allah domineert de Koran, maar ook het leven, de woorden en het gedrag van moslims. Een paar voorbeelden zijn: allahu akbar (wat 'Allah is groot' betekent); in sha 'allah (wat 'zo Allah wil' betekent); Allahu-alam (wat 'Alleen Allah weet het' betekent). Deze uitdrukkingen worden vaak door moslims gebruikt. De Koran bevat de Asma alhusna, of de 99 mooie namen van Allah. De meeste moslimjongens zijn hiernaar vernoemd. Allah moet worden aangesproken bij een van zijn 99 namen. Het is een gebruik om deze namen op te zeggen met behulp van een gebedsketting. In theorie gaat iedereen die dit doet zeker naar de hemel.
Er is een overlevering die zegt dat Allah 100 namen heeft, waarvan alleen de kamelen de 100e naam kennen. Dat verklaart hun hooghartige blik en het feit dat moslims graag kamelen bezitten. Als er ook maar iemand is die deze geheime naam weet uit te spreken, dan worden al zijn wensen vervuld. Dit staat niet in de Koran, maar moslims geloven het toch omdat het in de Hadith staat. In de praktijk wordt er feitelijk geen onderscheid gemaakt tussen de Koran en de Hadith; de een legt de ander uit.

---

6 Imam Al-Bukhari (negende eeuw): moslims zien zijn verzamelde werken van de Hadith als de meest betrouwbare en gezaghebbende.

De Bijbel zegt dat God een God van liefde en ontferming is[7] (een van Zijn Goddelijke eigenschappen is liefde). Allah daarentegen is geen God van liefde ook al wordt hij soms de 'lieflijke en geliefde' genoemd. Zo wordt Allah in de Koran nergens met het woord 'vader' aangesproken, want hij heeft alleen slaven, geen zonen. Een christen kan persoonlijke omgang hebben met de Godheid: Vader, Zoon en Heilige Geest. Dat is ondenkbaar voor een moslim; hij kan nooit in relatie staan tot Allah, ook al wordt hij 'de genadige' en de 'ontfermer' genoemd.

c) De zeven eigenschappen van Allah

Allah wordt door moslims zeven voornaamste eigenschappen toegeschreven.

Hij is het *leven* en kent geen begin of eind; hij is *alwetend* en niets is voor hem verborgen; zijn *kracht* – hij kan bijvoorbeeld stenen en bomen laten wandelen; door zijn *wil* bestaat al het goede en kwade; hij *hoort* alles (hij hoort zonder oren); *zien* – hij kan zelfs 's nachts een zwarte mier op een zwarte steen zien zitten; en hij kan *spreken* zonder een tong te hebben.

d) De verschijning van Allah

Allah houdt zich afstandelijk van mensen. Hij is grillig in het uitdelen van straf en genade. Hij is niet te kennen, en ontoegankelijk. Hij gaat elke beschrijving te boven. Aangezien hij een enig god is, is er geen relatie mogelijk tussen Allah en een mens, zoals bij de God van de Bijbel die wel een relatie aangaat met mensen. Daarom kun je wel de wetten van Allah leren kennen, maar nooit zijn persoon, karakter of hart. Hij is een heerser maar geen vriend. Zestien keer wordt in de Koran gezegd dat Allah geen vader is en geen zoon heeft.

2. De engelen (malaikatuhu)

Moslims geloven in het bestaan van engelen en van geesten of Jinns (demonen). Zij zijn aangesteld als boodschappers van Allah, en hebben verschillende rangen. Zij geloven dat engelen zonder zonde

7 bijvoorbeeld Johannes 3 vers 16; 1 Johannes 4 vers 8 en 16

zijn, dat zij zullen sterven en op de oordeelsdag op zullen staan. Zij geloven ook dat de engel Gabriël een uitzonderlijke positie heeft als de verlichte boodschapper, en grote macht heeft. Hij heeft volgens moslims de gehele inhoud van de Koran in het Arabisch door middel van voorzegging aan Mohammed gegeven. Dit zou gebeurd zijn over een periode van 23 jaar (610-632). Het was ook de engel Gabriël, zoals in de Bijbel, die aan Maria, de moeder van Jezus verscheen om de wonderlijke geboorte van een zoon aan te kondigen (Soera 19 vers 17). Zij is ook de enige vrouw die met name genoemd wordt in de Koran.

Moslims geloven dat engelen zijn geschapen uit licht (terwijl duivels zijn geschapen uit vuur en de mens uit klei). Het is hun taak om gehoorzaam te zijn aan Allah en zijn wil uit te voeren. De Koran zegt dat toen Allah Adam schiep, hij de engelen beval om hem te aanbidden. Ze deden het allemaal behalve Iblis, de duivel (Soera 2 vers 34). Zijn verontschuldiging was 'Adam is maar uit klei was geschapen terwijl ik uit vuur ben gemaakt; ik ben beter dan hij is, zou ik hem dan aanbidden?'. Allah vervloekte satan vervolgens voor zijn ongehoorzaamheid en wierp hem uit het paradijs. Hij werd de grootste vijand van de mens, en werd het hoofd van alle demonen en kwade geesten (Jinns). Adam viel ook door de verleiding van de duivel, maar zijn val was letterlijk – hij viel namelijk vanuit de hemel op de aarde neer (Soera 2 vers 36). Vanwege zijn ongehoorzaamheid in het eten van de vrucht (volgens de overlevering ging het om tarwe) was hij verbannen uit de hemel. Later is hij vergeven en als profeet aangesteld.

Van acht engelen is de naam bekend: Gabriël, de engel die verantwoordelijk is voor de overlevering van de Koran; Michaël, de beschermengel van de Joden en degene die voorspoed en zegeningen van Allah brengt naar de mensen; Israfil, die verantwoordelijk is voor het blazen van de laatste bazuin op de oordeelsdag (opstanding en oordeel); Az'rail, de doodsengel; Malik, een van de belangrijkste engelen die toezicht heeft op de hel; Radwan, die verantwoordelijk is voor het toezicht op de hemel; Munkar en Nakir, de beoordelingsengelen. Er zijn acht engelen die toezicht houden op de troon van God, maar 19 die de poorten van de hel bewaken (Soera 74 vers 28-30). Elke windrichting heeft zijn eigen bewaakengel die over hem is aangesteld.

Ieder mens heeft zijn eigen engel en demon aan hem toegewezen gekregen. Die staan nog dichter bij hem dan zijn eigen hart. Sommigen geloven dat mensen dag en nacht worden beschermd door tien engelen. Het is volgens het onderwijs van de Koran een van de taken van engelen om te bidden voor vergeving voor allen die op de aarde zijn (Soera 42 vers 5). Moslims zullen kort na hun dood de engelen Munkar en Nakir ontmoeten. Zij zullen de zonden en goede werken wegen op iemands schouder. Ook zullen zij de overledene bevragen op zijn leven en geloofsovertuigingen, zodra hij is begraven en de rouwdragenden de begraafplaats verlaten hebben. Zij zullen de overledene vier vragen stellen: Wie is je God?; Wie is je profeet?; Wat is je geloof?; Wat is je *Qibla* (of richting naar Mekka)?

Wanneer moslims hun gebed besluiten, draaien zij zich altijd naar rechts en links om deze engelen te begroeten. Moslims begroeten elkaar altijd in de meervoudsvorm – *Assalaam-alaykum*: 'Vrede zij over u en over de engelen naast u'. Deze zin wordt ook gebruikt om erachter te komen of iemand moslim is of niet. Het woord *salaam* betekent 'vrede', maar dit kan volgens hen alleen plaatsvinden waar de islamitische *Sharia* wetgeving van kracht is en alle staatszaken en zaken van religie controleert.

Allah maakt niet alleen gebruik van engelen, maar ook van kwade geesten of *Jinns* (die geschapen zijn uit vuur zonder rook – Soera 55 vers 15). Men gelooft dat deze kwade geesten op kerkhoven, in lege huizen, en bij water, bloed en as wonen. Hun mogelijke aanwezigheid en kwaadwillendheid worden zeer serieus genomen (vooral door de doorsnee volksmoslim – in tegenstelling tot strenge moslims).

3. De boeken (kutubuhu)

(Soera 2 vers 136; 4 vers 136; 163; 32 vers 23; vergelijk Soera 2 vers 53; 87; 5 vers 46; 48; 11 vers 110; 45 vers 16)

In de Koran zijn er verwijzingen naar de *Torah* (de vijf boeken van Mozes), de Suhuf (de boeken van de oudtestamentische profeten, de *Sabur* (de psalmen van David) en de *Injil* (het Nieuwe Testament – niet alleen de evangeliën). Moslims geloven dat Allah 104 heilige boeken aan de mensheid heeft gegeven. Van deze 104 zijn er 100 gegeven aan Adam (10), Seth (50), Enoch of Idriss (30), en Abraham (10), maar deze zijn verloren gegaan. De vier overige boeken zijn de Boeken van Mozes, de Psalmen van David, het Evangelie van Jezus Christus, en de Koran.

De Koran wordt in het Arabisch ook wel *Al-Kitab* (het Boek), *Al*-Furkan ('die onderscheid maakt'), *Al-Dikhr* (de waarschuwing) en *Al-Mushaf* (de verzameling) genoemd. Het wordt het gezegende, het verlichtende en het eervolle boek genoemd (Soera 3 vers 184, 6 vers 155, 38 vers 29).

De Koran bestond al vanaf het begin van de tijd voordat ze van de hemel naar de aarde werd gezonden. De profeet Mohammed, waarvan men denkt dat hij ongeletterd en ongeschoold was, was in staat om de Koran te lezen en door te geven. Dat ziet men als bewijs dat de Koran een Goddelijk boek is (Soera 43 vers 4, 96 vers 1-5). Moslims beweren dat Allah hen een zwaard heeft gegeven dat vandaag de dag aan twee kanten snijdt: de Koran en olie (geld), ten dienste van de zaak van de islam. De Koran overstijgt de Bijbel. Het 'wonder van alle wonderen' is geopenbaard aan Mohammed door een serie opeenvolgende rechtstreekse openbaringen. De woorden zijn regelrecht door Allah gegeven, zonder dat Mohammed daar iets aan veranderd heeft of het met zijn eigen woorden heeft weergegeven. Toen hem gevraagd was om een wonder te doen om te bewijzen dat hij een profeet was, zei hij dat hij daartoe geen macht had. Hij verwees hen naar de Koran als het ongeëvenaarde wonder

(Soera 2 vers 23; 10 vers 37,38; 13 vers 31; 17 vers 88), ondanks dat de Koran nog niet compleet was in die tijd.

Moslims geloven dat de Koran een teken of wonder van Allah is, omdat de mens er niets aan veranderd heeft en er ook geen menselijke inbreng was in de totstandkoming ervan. Zij geloven dat de Koran vrij is van tekstwijzigingen. Zij zien de Koran als ongeëvenaarde literatuur en vinden dat het vol is van literaire schoonheid. Moslims krijgen onderwezen dat de Goddelijke Koran is beschermd tegen tekstvervalsing, en dat de Bijbel -die al bestond voor Mohammed – door christenen en Joden is veranderd en vervalst (ook al is hier geen bewijs voor). Tegelijkertijd krijgen moslims te horen, dat als ze twijfelen over iets wat ze in de Koran hebben gelezen, zij te rade moeten gaan bij de 'mensen van het Boek': christenen en Joden (Soera 5 vers 68).

De Koran is korter dan het Nieuwe Testament. Het bestaat uit 114 hoofdstukken of Soeras (waarvan er 86 aan Mohammed waren geopenbaard in Mekka en 28 in Medina), en heeft in totaal 6239 verzen (of 6616 volgens een andere beschouwing). Het is onderverdeeld in drie delen, wat het opzeggen en reciteren van verzen – wat gedaan wordt tijdens het vasten in de heilige maand *Ramadan* – makkelijker maakt.

Elke Soera is voorzien van een naam, zoals bijvoorbeeld 'de opening', 'de koe', het huis van Imran' of 'vrouwen'. Behalve Soera 9 begint ieder hoofdstuk met de zin 'In de naam van Allah, de genadige, de barmhartige'. Er worden wedstrijden gehouden en prijzen uitgereikt aan degene die er het beste in slaagt (om delen uit) de Koran uit het hoofd op te zeggen. De profeet moedigde zijn volgers aan om hun stem tijdens het hardop voorlezen van de Koran zo mooi mogelijk te laten klinken. Wanneer de Koran gezongen wordt, verheugt het de harten. Het is niet belangrijk om de mening van de woorden te weten, het gaat om de correcte uitvoering.

Het is echter een moeilijk leesbaar boek. De hoofdstukken zijn weinig gestructureerd ten aanzien van de onderwerpen. Dit is waarom de

Koran zichzelf niet uitlegt zoals de Bijbel dat (op een logische en consequente manier) wel doet. Je hebt de uitleg van de Hadith of 'Overlevering' nodig als middel om de Koran te interpreteren of te begrijpen. Er zijn echter wel een aantal duidelijke teksten, die zo direct zijn dat ze geen verdere uitleg nodig hebben, zoals in Soera 9 vers 5 en 29.[8]

Moslims kijken neer op de Bijbel vanwege de manier waarop het is geïnspireerd; het is geschreven door veel verschillende mensen, verlicht door de Heilige Geest, Die gebruik maakte van hun specifieke stijl, gedurende een periode van tientallen jaren. Men zegt dat de Koran rechtstreeks vanuit de hemel werd gedicteerd, en dat het daarom superieur is. Omdat het goddelijk is kan het -strikt genomen – ook niet worden vertaald (in tegenstelling tot de Bijbel). Veel Moslims geloven dan ook dat het onmogelijk is om de betekenis van de Koran uit te leggen in een andere taal.

Een boek om te eerbiedigen

Moslims wordt onderwezen dat de Goddelijk geopenbaarde Koran mondeling was ontvangen en pas na de dood van Mohammed in 632 was voltooid. De Koran wordt *Umm-al Kitab* genoemd, 'de moeder van alle boeken' (Soera 3 vers 7; 13 vers 39; 43 vers 3,4). Zij is perfect, ongeschapen en bestaat eeuwig in de zevende hemel (Soera 85 vers 21,22). Het is stukje bij beetje door de engel Gabriël aan Mohammed geopenbaard. De Koran is daarom 'foutloos, perfect en vrij van dwaling'. Moslims moeten elk woord in de Koran

8 'En als de heilige maanden voorbij zijn, dood dan degenen die het polytheïsme aanhangen, waar je zo ook maar kunt vinden. Neem hen gevangen, omsingel hen en leg een hinderlaag voor hen. Maar als ze zich zullen bekeren, leg hen dan het gebed op en het geven van aalmoezen, en laat hen dan vrijuit gaan. Want zeker, Allah is vergevingsgezind en genadig. Strijd tegen hen die niet in Allah geloven, of op de oordeelsdag, of die het niet wetteloos beschouwen wat Allah en zijn boodschapper als wetteloos beschouwen. Strijd ook tegen hen die de waarheid niet aannemen van hen aan wie de schriften gegeven zijn- strijd tegen hen totdat zij gewillig belasting betalen terwijl ze vernederd zijn.'

gehoorzamen en al het onderwijs van Mohammed geloven (Soera 4 vers 80; 59 vers 7).
De Koran wordt als boek heilig behandeld en staat daarom in zeer hoog aanzien: het wordt gekust, tegen het voorhoofd gehouden als teken van respect; het wordt nooit op de grond gelegd of lager dan iemands middel gedragen. 'Voorzeker het is een rijk boek dat is beschermd, dat door niemand dan door hen die rein zijn wordt aangeraakt' (Soera 56 vers 77-79). Pas na het ritueel wassen van de handen mag de Koran worden aangeraakt.
Het printen en publiceren van de Koran moet resulteren in een 'waardige uitgave' – uitgegeven in een harde kaft met een versierde voorkant, en met een 'waardige letterstijl'. De tekst moet voorzien zijn van speciale kaders. In de kantlijn mogen geen illustraties of opmerkingen naast de tekst geplaatst worden; het mag alleen vers nummering bevatten. Het moet altijd op de hoogste plank in huis gelegd worden, en er mag nooit een ander boek bovenop worden gelegd.

EEN BELANGRIJKER EN GROTER BOEK OM TE EERBIEDIGEN: DE BIJBEL

- **Als christenen moeten we onze Bijbels altijd op een respectvolle manier behandelen. Maar wij vereren natuurlijk niet het papier op zich. Maar de Bijbel, die wij tijdens evangelisatie aan moslims gebruiken, moet er niet gehavend uitzien met aantekeningen in de kantlijn of onderstreepte teksten. Het is het Woord van God en bevat de woorden van leven. De Koran verwijst honderden keren naar de Bijbel, maar het is altijd wijzer en beter om lering te trekken uit de Bijbel zelf en niet uit een afgeleide bron. De moslims die wij benaderen, zullen altijd opletten hoe wij omgaan met Gods Woord, en zullen afhaken als zij enige oneerbiedigheid opmerken.**
- **Het is het waard om aan te geven wat voor verschil er bestaat tussen de leer van de Goddelijke inspiratie vergeleken met dat van de Koran. Als het gaat om de Bijbel gebruikte God de gaven van godvrezende mannen over een lange tijdsperiode. Dit is op zichzelf een bewijs van**

de echtheid of authenticiteit van zijn geïnspireerde karakter. Vooral als je kijkt naar de overeenstemming tussen alle delen en de vervulling van de vele profetieën. De Koran, aan de andere kant, kwam via een geestelijk wezen, die zoals aangenomen wordt van Allah kwam. Mohammed was de enige ontvanger hiervan en overdrager tussen Allah en de mens. Moslims geloven dat Mohammed ongeletterd was, maar toen hem werd opgedragen om te lezen, hij dat opeens op een wonderlijke manier kon doen (Soera 7 vers 157-158; 96 vers 1-5). Het is moeilijk om te geloven dat Mohammed daadwerkelijk niet kon lezen of schrijven, omdat hij als zakenman werkte voor een rijke weduwe, die hem vertrouwde vanwege zijn kennis en gaven in het zakendoen.

- Als de Koran niet te vertalen is, zoals gezegd wordt, en het alleen uitgedrukt mag worden in het Arabisch, dan kan het zeker geen boodschap zijn voor de hele wereld. Het idee van een 'heilige taal' is onverklaarbaar voor een wereldgodsdienst. De Bijbel is echter een universeel boek dat in alle talen vertaald kan worden en dan nog steeds in staat is om de lezer 'wijs te maken tot zaligheid'.

4. De profeten (nabihu of rusuluhu)

Moslims hebben het over het algemeen over twee soorten profeten: de 'Nabi' (elke profeet die geïnspireerd is door God), en de 'Rasul'(een boodschapper of apostel). Er worden in de Koran 28 boodschappers en profeten bij name genoemd (Soera 4 vers 163), waarvan er 22 ook in de Bijbel voorkomen. Volgens een overlevering zijn er 124.000 profeten of boodschappers, maar andere groepen geloven dat er 144.000 zijn plus nog eens 135 andere apostelen of profeten. Er is niemand die ooit een definitieve lijst met alle profeten heeft opgesteld. Elke grote profeet was voor een speciale tijdsperiode naar een bepaald volk gezonden. Er zijn 6 hoofdprofeten: Adam (de uitverkorene); Noach (de prediker); Abraham (khalil Allah of vriend van God); Mozes (Allahs woordvoerder); Jezus (Khalimatu Allah of het Woord van Allah); en Mohammed zelf, de Rasul-Allah of boodschapper van Allah) de laatste en grootste, het 'zegel van de profeten' (Soera 33 vers 40). Hij was aangesteld als 'apostel van

God' en heeft meer dan 200 titels in de Koran en de Hadith. Volgens moslims was Jezus Christus alleen een profeet voor Israël.
Het is nogal bijzonder om te zien dat Mohammed – 'de enige grote profeet' volgens de Koran – nergens in het Oude of Nieuwe Testament genoemd wordt. Ondanks dat houden moslims vol dat hij de 'Profeet' is die door Mozes is voorzegd, en de 'Parakleet of Trooster' die door de Heere Jezus beloofd was (Deut. 18 vers 15; Johannes 14; Soera 7 vers 157 ; 61 vers 6), zoals wij later uit zullen leggen.

5. De opstandingsdag en het oordeel

(Soera 21 vers 47; 39 vers 68; 52 vers 7-27; 69 vers 13-15; 78 vers 17; 88 vers 8-20)
Moslims geloven in de hemel (Al Jannah) en de hel (An Nar), en in de oordeelsdag. Het is de dag van rekenschap (yum al hosab, yum al-din, yum al gyama) of het ontwaken. Het zal de jongste dag zijn, het uur waar alles om draait, en de allesbeslissende dag.
De jongste dag zal ingeluid worden met drie trompetstoten. De eerste trompet zal geblazen worden op een tijdstip die alleen Allah bekend is. Het zal schrikbarend zijn voor alle schepselen die in de hemel en op de aarde zijn (Soera 69 vers 13-35; vergelijk Soera 21 vers 47; 27 vers 87, 89; 81 vers 1-3 ; 10-14). Het zal de bergen op hun grondvesten doen schudden (Soera 27 vers 90), de zon zal opgevouwen worden (Soera 81 vers 1) en de maan zal worden gespleten (Soera 54 vers 1).
Op het blazen van de tweede trompet zullen alle schepselen in de hemel en op aarde sterven. Als de laatste trompet geblazen wordt (40 jaar later), zullen de doden worden opgewekt voor het oordeel. Het zal een massale opstanding zijn van mensen, engelen, Jinns (boze geesten), en zelfs dieren.
Er is verschil van mening over de lengte van deze dag. Sommigen zeggen dat het 1000 jaar zal duren. Dat baseren zij op Soera 32 vers 5, terwijl anderen beweren dat het 50.000 jaar zal duren gebaseerd

op Soera 70 vers 4. Na deze tijd van wachten zal het oordeel plaatsvinden. 'Dan zullen zij van wie de balans zwaar zal zijn van goed werken verzoening ontvangen; maar zij van wie de balans te licht wordt bevonden, zullen hun ziel verliezen; zij zullen in de hel moeten verblijven' (Soera 23 vers 102-103).

Iedereen zal worden beoordeeld volgens zijn 'eigen boek met daden' (voorbestemd door Allah) waarin al zijn woorden en daden zijn bijgehouden. Allah zal zijn woorden en daden op een weegschaal leggen, waarvan een schaal hangt boven het Paradijs en de andere boven de hel (Soera 21 vers 47).

De hel zal koel en plezierig zijn voor moslims die geen grote zonden hebben bedreven. Men gelooft dat Mohammed voor hen zal pleiten, nadat Adam, Noach, Abraham, Mozes en Jezus Christus geweigerd hebben dat te doen. Zij die Allah heeft uitgekozen om genadig te zijn, omdat zij genoeg verdiensten en goede werken hebben, zullen naar de hemel gaan. Zij zullen hun 'boek van goede werken' in hun rechterhand ontvangen. Zij zullen voor eeuwig wonen bij stromende rivieren en rusten op zijden rustbedden, terwijl zij Allah prijzen en genieten van hemels eten en drinken in het gezelschap van jonge meisjes met donkere ogen ('72 houris').

In het Paradijs zijn rivieren van puur water, melk en honing, en heerlijke wijn (Soera 37 vers 40-49; 47 vers 15; 55 vers 56; 72; 78 vers 33). Voor moslims is de hemel een aanlokkelijke plaats van aards genot en pleziertjes, speciaal voor mannen. Men gelooft dat zelfs de geringste moslim 1000 jaar lang zal genieten en dat zijn vreugde zal vermenigvuldigen. Je vraagt je af hoe het kan dat Allah sommige dingen die hij op aarde verbiedt, in overvloed geeft in de hemel, zoals rivieren van wijn.

Deze leer gaat in tegen de woorden van Christus, die zegt dat er in de hemel geen huwelijk zal zijn; mannen en vrouwen zullen zijn als de engelen (Mattheüs 22 vers 30). De islamitische hemel doet moslims – voornamelijk de mannen – watertanden met zijn beloftes van sensueel genot.

Zij van wie de balans te licht wordt bevonden (Soera 7 vers 8,9) en zij die door Allah verworpen worden, zullen voor eeuwig blijven in de vlammen van de hel – in eeuwige ondergang zullen zij drinken van een kokende bron en eten van bittere doornen. Het zal hen niet voeden noch hun honger stillen (Soera 56 vers 42-43; 88 vers 4-7). Zij zullen hun 'boek van goede werken' in hun linkerhand ontvangen. De hel is de bestemming voor allen die de islam niet accepteren (Soera 14 vers 34; 18 vers 28; 20 vers 76). Men weet niet eerder dan op de oordeelsdag of men naar de hel of naar het Paradijs zal gaan. Door velen wordt geloofd dat Mohammed op die dag voor moslims zal bemiddelen.

HOE DE ISLAM DENKT OVER VROUWEN

Het onderwijs van Mohammed weerspiegelt veel van de ideeën van zijn tijd. Hij zei dat vrouwen een 'veld' zijn en een 'speeltje' (Soera 2 vers 223). Zij zijn van nature onrein en maar half zo intelligent als mannen (een overlevering uit Hadith 3 vers 826; 2 vers 541). Hij geloofde dat vrouwen wat intelligentie en godsdienst betreft minderwaardiger zijn, en dat de getuigenis van een vrouw maar half zoveel waarde heeft als die van een man. Een vrouw deelt maar in de helft van wat een man krijgt, omdat mannen superieur zijn (Soera 4 vers 11; vergelijk 2 vers 282). Het is hen verboden om met een niet-moslim te trouwen, terwijl een moslimman wel met een christelijke vrouw mag trouwen (met het doel om haar te bekeren tot de islam). Toen de profeet gevraagd werd naar hen die in de hel verblijven, antwoordde hij, 'Ik zag het helse vuur en ik heb nooit eerder zo'n vreselijk schouwspel gezien. Ik zag dat het grootste deel van hen uit vrouwen bestond' (een overlevering waarvan verslag gedaan is door Sahih Al-Bukhari 1 vers 28; 301; 2 vers 161; 7 vers 124). Er staat in de Koran niets beschreven over vrouwen die genieten in de hemel. Hij zei dat vrouwen geslagen mogen worden (als laatste redmiddel) als ze hun mannen niet volledig in alles gehoorzamen (Soera 4 vers 34). Hij zei ook dat zodra vrouwen de macht hebben, het de ondergang van de wereld zou inluiden.

Mohammed trouwde op z'n minst met twaalf vrouwen, waarvan er een niet ouder was dan negen jaar (naar een overlevering in de Hadith). Ook had hij twee buitenechtelijke relaties. Bij alles wat hij deed, claimde hij dat hij er een speciale openbaring van Allah voor had gekregen. Er wordt gezegd dat

Aisha, zijn jongste vrouw, hem in een jaloerse bui verachtelijk toebeet 'Jouw God heeft er haast bij om al je begeertes te bevredigen'. Ook klaagde ze op een keer 'Het is niet goed dat jullie mensen ons gelijk hebben gemaakt aan honden en ezels' (Hadith 1 vers 498). Van zijn eerste vrouw (een steenrijke weduwe met de naam Khadija) wordt aangenomen dat zij in de hemel is, dichtbij Maria de moeder van de Heere Jezus en Asva, de vrouw van Farao, die – volgens de Koran – Mozes uit het water heeft gered. Volgens de Hadith heeft Mohammed gezegd: 'Maria is de beste vrouw in de wereld, en Khadija de beste vrouw van deze natie'. Het is waar dat hij Khadija (haar oom was een naamchristen) trouw was tot aan haar dood. Daarna nam hij meerdere vrouwen. Mohammed was dus geen polygamist toen zijn eerste vrouw nog in leven was. Twee maanden na Khadijas dood nam hij Sawda tot vrouw en verloofde zich met de zesjarige Aisha, met wie hij drie jaar later officieel trouwde. De islam onderwijst dat een man een maximum van vier vrouwen tegelijk mag hebben, maar alleen als hij hen evenredige liefde kan geven en financieel kan onderhouden (Soera 4 vers 3). Mannen mogen te allen tijde van hun vrouw scheiden om de kleinste pietluttigheid, maar vrouwen hebben dat recht niet. Een man hoeft maar drie keer te zeggen 'Ik ga van je scheiden', en dat is het. Toch is de echtscheiding pas definitief na een periode van drie maanden – waarin kans is op verzoening – en om te zien of de vrouw zwanger is, zodat de man het kind kan claimen.

In het algemeen staan vrouwen altijd onder de bescherming van een man – een echtgenoot, een vader, of een ander mannelijk familielid. Hun eer is van zeer groot belang voor de goede naam van de familie. Elke blijk van oneerbaarheid kan leiden tot eerwraak met de dood tot gevolg, zelfs in het westen. In hoeverre een vrouw enige persoonlijke vrijheid kan genieten hangt af van de plaatselijke cultuur.

6. Bestemming of lot: Al-Qadar of voorbeschikking

(Soera 2 vers 284; 6 vers 39; 14 vers 4; 35 vers 8; 74 vers 31; 76 vers 29-30)

Moslims geloven dat Allah de directe auteur is van zowel goed als kwaad, beide (Soera 113 vers 1-2). De voorbeschikking in de islam lijkt in de verste verte niet op de Bijbelse leer van de uitverkiezing. Het is meer een vorm van fatalisme waaraan je niet kunt ontsnappen. Alles wat een mens doet – waar hij verantwoordelijk voor is – of het nu goed is of kwaad, wordt volledig toegeschreven aan Allah. Allah is zodoende de auteur van het kwaad. 'Voorzeker zendt Allah van hem weg die hij wil, en hij leidt wie hij wil' (Soera 35 vers 8). 'Het lot is vastgeketend aan je hals' (Soera 17 vers 13). 'De toekomst is verleden tijd', want alles is van tevoren vastgesteld; daarom kan iemand niet verantwoordelijk worden gehouden voor zijn daden. En toch – hoe onlogisch – zal er een grote oordeelsdag zijn waarop van iedereen rekenschap wordt geëist van zijn daden.

Men gelooft dat, nadat je 40 dagen in de baarmoeder bent geweest, een engel je hele levensgeschiedenis tot aan de dag van je dood opschrijft en dat dit op je voorhoofd is geschreven tijdens je geboorte. Hij stelt ook vast of je naar de hemel of naar de hel zult gaan.

Dat een baby huilt nadat het geboren is, komt door de aanraking van de duivel.

Men moet zijn lot accepteren zonder enige opstand. Geluk, kans, toeval, ongeluk en mislukking worden allemaal toegeschreven aan de wil van Allah. Het is 'mektub', schriftelijk vastgesteld. Elk mens heeft zijn beschreven boekrol. Een overlevering zegt dat Allah 50.000 jaar voordat hij de hemel en de aarde schiep, de bestemming van alle schepselen heeft opgeschreven. Verbaas je dan ook niet als een moslim geen 'dankjewel' zegt als hem iets gegeven wordt. Zolang hij maar 'dankuwel' tegen Allah zegt, is het goed. Allah heeft voorbestemd of vastgesteld wat je zou geven!

Zoals later in dit boek aan de orde komt, kan alleen het martelaarschap vanwege de 'heilige oorlog' een plaats in de hemel garanderen. Ook dit is volgens de wil van Allah, en sommigen zeggen dat zelfs het martelaarschap geen absolute zekerheid kan geven, omdat de wil van Allah ondoorgrondelijk is en hij mag doen zoals hij het wil.

DE ISLAM IN LEER EN LEVEN

DE GEBRUIKEN VAN MOSLIMS (persoonlijk of in groepsverband) zijn tot in het kleinste detail vastgelegd. Er zijn 'vijf pilaren' waarop het 'huis van de islam' (Dar-Al-Islam) en waarop hun geloof rust. Dit zijn vijf bindende verplichtingen of praktische verantwoordelijkheden afkomstig uit de Koran en de Hadith, die elke goede moslim in praktijk moet brengen.

1. De geloofsbelijdenis (de Shahadah of de Kalima)

De eerste pilaar is het regelmatig herhalen van de islamitische geloofsbelijdenis (de kortste van welke religie dan ook): 'La ilaha illa Allah, Wa Muhammadun rasul Allah' (Er is geen God dan Allah en Mohammed is zijn profeet). In het Arabisch zijn het maar acht woorden, ook al komen ze in deze vorm niet voor in de Koran. Het eerste deel kom je een aantal keer tegen in de Koran, maar het tweede deel is daaraan toegevoegd door de Hadith (overleveringen). De 'Shahada' betekent letterlijk 'getuige zijn'.
Dit is het fundament en de belijdenis die de moslimwereld verenigt. Het is de hoeksteen van het moslimgeloof, de eenvoudigste en meest herhaalde geloofsbelijdenis in de wereld. Nagenoeg iedereen heeft

er wel eens van gehoord. Het opzeggen van de geloofsbelijdenis is essentieel (Soera 37 vers 35; 47 vers 19; 48 vers 29). Niemand kan moslim worden zonder deze geloofsbelijdenis na te zeggen. Het is de makkelijkste geloofsformule voor een bekeerling. Om moslim te worden moet het de eerste keer in het Arabisch ('de heilige taal') met overtuiging in het bijzijn van getuigen (bij voorkeur in een moskee) worden opgezegd.

Deze geloofsbelijdenis staat op de vlag van Saoedi-Arabië. Veel moskeeën hebben de geloofsbelijdenis als opschrift (zoals de moskee op de tempelberg in Jeruzalem); het komt voor op deurposten; wordt gebruikt als strijdkreet; het wordt het een pasgeboren baby als mantra ingefluisterd, eerst in het rechter – en dan in het linkeroor; tijdens de naamgevingceremonie van een pasgeboren baby wordt het opgezegd (een ceremonie waarbij na zeven dagen het haar wordt afgeschoren); het is een vorm van bescherming; en het wordt ingefluisterd in de oren van stervenden. Velen zeggen het op omdat ze er eenvoudigweg van houden en geloven dat het kwaad ermee verjaagd wordt. Volgens verschillende hoofdstukken en verzen in de Koran kan dit problemen zoals koorts en kiespijn oplossen. Het opzeggen van de geloofsbelijdenis en delen van de Koran worden gezien als een bezigheid die geluk brengt en persoonlijke bescherming geeft.

2. Gebeden ('Salat')

Vijf keer per dag worden de standaardgebeden opgezegd; deze moeten uit het hoofd worden geleerd. Het gebed is meer een ritueel dan een nauwe omgang met God. Elk gebaar die men maakt tijdens het gebed laat iemands volledige onderwerping aan de wil van Allah zien. De toegewijde moslim moet vijf keer per dag bidden -waar hij ook is – in de richting van Mekka waar de Qibla of Ka'aba is. De gebeden moeten worden uitgevoerd volgens een vast ritueel. Een moslim is trots op zijn gebedsritueel, en steekt hierbij gunstig af bij christenen die in zijn ogen amper bidden.

Ook al is er in de Koran geen tekst te vinden waar alle vijf gebeden in een adem genoemd worden, het is geen vrijblijvende zaak (Soera 11 vers 114). De moslim is verplicht om vijf keer per dag te bidden: tijdens het ochtendgloren, tussen de middag, in de namiddag, na zonsondergang (anders zou het lijken alsof hij de zon aanbidt), en tenslotte bij het vallen van de nacht. Al deze gebeden moeten in het Arabisch worden opgezegd.

In moslimlanden, en soms ook elders ter wereld, wordt de oproep tot gebed gedaan door een 'muezzin' ('gebedsoproeper') vanaf een minaret, een toren die deel uitmaakt van de moskee, de plaats van samenkomst. De gebedsomroep tijdens zonsopkomst wekt de 'gelovigen' met de volgende woorden (die iedere ochtend luid worden omgeroepen): 'God is groot! God is groot! Belijd dat er geen God is dan Allah. Belijd dat er geen profeet is dan Mohammed. Belijd dat Mohammed zijn profeet is. Getuig ervan dat er geen God is dan Allah en dat Mohammed zijn boodschapper is. Oh, slaven van Allah breng je gebeden tot leven, want bidden is beter dan slapen.'

Moslims, voornamelijk mannen, zijn verplicht om iedere vrijdag te bidden in de moskee – daarmee verdient men 25 maal zoveel verdiensten dan door thuis of ergens anders te bidden. Vrijdag is voor moslims de heiligste en meest gezegende dag van de week. Op deze dag was de zon geschapen; was Adam geschapen; en zal de jongste dag plaatsvinden. Het is geen dag van geestelijke en lichamelijk rust, zoals dat voor christenen op zondag wel het geval is. De wereldvrede hangt nauw samen met wat de imam op vrijdag in de moskee verkondigt. Voor moslims is de vrijdag zeker niet de vredigste dag van de week, vooral niet na een preek waarin wordt opgeroepen tot geweld.

Voordat een moslim bidt, moet hij zich eerst ritueel wassen: hij moet zijn handen en voeten wassen en ook delen van zijn gezicht inclusief zijn neus – men gelooft namelijk dat de duivel de nacht doorbrengt in iemands neus (een welbekende overlevering uit de Hadith) (Soera 2 vers 136-145; 5 vers 6). Als er geen water beschikbaar is, mag men

zich wassen met droge dingen als zand of aarde.
Men kent geen persoonlijk gebed, maar een reeks woorden die men herhaalt. Het bidden gaat gepaard met bewegingen als staan, buigen, knielen, diep buigen waarbij handen en knieën de grond raken, en zitten (deze reeks wordt zeventien keer herhaald tijdens elk gebed; de 'Fatiha', het eerste hoofdstuk van de Koran en het voorbeeldgebed, worden dagelijks 32 keer herhaald. De meeste moslims spreken geen Arabisch, maar moeten dagelijks twee of drie Soera's uit het hoofd opzeggen als een middel ter bescherming. Vrouwen mogen op vrijdag ook samenkomen in de moskee, maar bidden gewoonlijk uit het zicht van de mannen.
Deze gebeden, zoals we willen benadrukken, zijn een herhaling van een reeks voorgeschreven woorden in het Arabisch, en de westerse moslim begrijpt niet wat hij zegt. Het is een feit dat velen van hen de Koran in het Arabisch niet begrijpen. Zij nemen het simpelweg voor waar aan.
Moslims bidden veel voor de doden en vragen ook gestorven 'heiligen' om voorbede voor hen te doen. Kinderen (jongens en meisjes vanaf zeven jaar) moeten beginnen met het leren van de gebeden en vanaf hun tiende jaar moeten zij door hun ouders gedwongen worden om te bidden.

De gebedshouding (waarbij men met de knieën en het hoofd de grond raakt) is bedoeld om een heer-slaaf relatie te laten zien, een voortdurende publieke en persoonlijke onderwerping. Deze dagelijkse herhaling en zelfverootmoediging moet moslims herinneren aan Allah en zijn grootheid. Veel moslims geloven dat christenen niet bidden, of dat zij dat alleen op zondag doen. Daarom moeten wij ons niet schamen om in het bijzijn van moslims te bidden (bijvoorbeeld tijdens de maaltijd als wij bij hen te gast zijn, of zij bij ons). Ook moeten wij ons herinneren wat de Heere ons onderwees aangaande het gebed in Mattheüs 6 vers 5-13, dat wij niet moeten zijn als de hypocrieten die veel en nietszeggende woorden gebruiken. Een christen kan niet ingaan op de uitnodiging van een moslim om mee te bidden, of mee te gaan naar de moskee. De verschillen tussen christelijke en islamitische gebeden zijn erg groot.
Een moslim dient er op een respectvolle manier aan herinnerd te

worden dat wij geen reinigingsritueel uitvoeren voordat wij in gebed gaan, want het is het hart dat gewassen moet worden, en niet het lichaam – 'Het bloed van Jezus Christus Gods Zoon reinigt ons van alle zonde' (1 Johannes 1 vers 7; vergelijk Jeremia 17 vers 9).

3. Het geven van aalmoezen en de armenbelasting (Zakat)

Moslims zijn verplicht om 2,5% (1/40) van hun persoonlijke inkomen of vermogen aan de armen geven, maar alleen aan hen die ook bij het 'huis van de islam' horen (Soera 64 vers 16; 98 vers 5). Het is een essentieel onderdeel van het zalig worden door 'goede werken'. De gelovige kan ontelbare zegeningen verwachten als hij het betaalt (Soera 2 vers 110; 277). De 'Zakat' wordt eenmaal per jaar gegeven na een zorgvuldige berekening van het jaarlijkse inkomen, en niet van het geld dat hij kon sparen. Velen zien het als een verplichting en geven het zonder compassie. Het doel is hulp te bieden aan islamitische armen. Het wordt ook gegeven aan hen die de 'zakat' inzamelen, aan nieuwe bekeerlingen, aan gevangenen (voor vrijlating of losgeld), aan hen die schulden hebben, aan behoeftige reizigers en aan de Muhajidin (verspreiders van de islam, en zij die vechten voor de islam). Het geld wordt ook gebruikt voor de bouw van moskeeën, scholen en ziekenhuizen, maar niet om er geestelijken mee te betalen. Over het algemeen wordt het niet aan niet-moslims gegeven. De link die gelegd wordt tussen het geven van aalmoezen en de geestelijke beloning die erop volgt, motiveert de gever. Daarbij gaat het niet zozeer om het goeddoen aan anderen, maar om het verkrijgen van de gunst van Allah.

Christelijke liefdadigheid omvat de hele wereld. Christenen horen hun eigen families te onderhouden, en hun broeders in nood, maar horen ook mensen buiten hun eigen kring te helpen (Galaten 6 vers 9-10; 1 Timotheüs 5 vers 8). Liefdadigheid voor de gemeenschap als zodanig is zeker niet universeel in moslimlanden. Dat kunnen we zien aan de moeilijkheden die christenen daar hebben om aan noodhulp te komen in tijden van crisis. 'Liefde voor allen, haat voor niemand' is heel duidelijk een westers gezegde en is geen realiteit in moslimlanden.

4. Vasten (Saum)

'O jullie die geloven, vasten is voorgeschreven voor hen die voor jullie zijn, zodat je je kunt wapenen tegen het kwaad' (Soera 2 vers 183-185).

De bekende vastenmaand Ramadan is de negende maand op de islamitische kalender. Elk jaar wordt de Ramadan met negen tot elf dagen naar voren geschoven (de islamitische kalender gaat uit van de maanstand en niet van de zon). De exacte tijd waarop de Ramadan begint, geeft veel twist en onenigheid onder moslims. Er is een verschil van 24 uur. Aan het begin van de Ramadan herdenkt men de dag waarop Mohamed zijn eerste openbaring van de engel Gabriël ontving toen hij vastte. Om hem te eren, vasten zij ook. Tijdens de Ramadan staan de poorten van de hemel open en komen de gebeden rechtstreeks aan bij de troon van God.

In deze maand is men in het bijzonder Mohammed diepe hoogachting en respect verschuldigd. Het vasten is verplicht van zonsopkomst tot zonsondergang, waarbij de zonsopkomst wordt vaststelt als er verschil te zien is tussen een witte en zwarte draad (Soera 2 vers 187). Het vasten duurt 29 tot 30 dagen, waarin men zich geheel moet onthouden van voedsel, alcohol, tabak, parfum en seksuele omgang zolang er daglicht aanwezig is. Het is verplicht voor iedereen vanaf tien jaar (Soera 2 vers 183-187), uitgezonderd strijders voor de islam, zieken, gehandicapten en moeders die borstvoeding geven. Zij moeten dit later in het jaar inhalen of terugbetalen door dan te vasten. Voor bejaarden wordt ook een uitzondering gemaakt, maar zij moeten wel een offer brengen: een maaltijd per dag doneren in contant geld of natura. Tijdens deze periode mag men zelfs zijn speeksel niet doorslikken, wat zelfs voor

de meest toegewijde moslim een opgave is. Na zonsondergang tot de volgende zonsopkomst mag een moslim net zoveel eten en drinken als hij wil.
Voor veel moslims is het een zware maand, maar niet voor de rijken die thuis kunnen blijven en overdag kunnen slapen. Het is een maand waarin blijk wordt gegeven van veel godsdienstigheid, maar er wordt ook veel geruzied vanwege korte lontjes. In veel landen, vooral wanneer de Ramadan samenvalt met de hitte van de zomer, moet men het rustiger aan doen. In deze maand wordt door de meeste moslims het meest uitgegeven en komt men aan in gewicht, omdat na zonsondergang het vasten overgaat in overdadig eten. In deze maand wordt er meer voedsel verkocht dan in andere maanden. Ook wordt er meer gefeest, al zijn restaurants in sommige landen gesloten, omdat de wet het verbiedt om tijdens de vastenmaand buiten de deur te eten of te drinken. Dit maandlange vasten wordt gezien als een van de onmisbare goede werken waarmee men toegang tot het Paradijs kan verkrijgen.
Vasten is een goed onderwerp om met moslims over te praten (Jesaja 58; Markus 7 vers 15-23), maar het is beter om in deze maand wat terughoudend te zijn met evangeliseren omdat sommigen erg godsdienstig kunnen worden en er dan niet voor openstaan.

5. Bedevaart naar Mekka (Hajj)

(Soera 2 vers 189; 196-198; 22 vers 27-30)
Hajj betekent het op weg gaan naar Mekka of Allah. Het kan ook vreemdeling (voor Mekka, de heilige stad) betekenen. Elke moslim, man of vrouw, wordt geacht om tenminste een keer in zijn leven een zevendaagse bedevaart reis naar Mekka (de geboorteplaats van Mohammed) te maken (Soera 22 vers 27-30; 3 vers 97), als het lichamelijk en financieel mogelijk is. 'En verkondig de bedevaart aan de mens: overal vandaan zullen ze te voet of op een vlugge kameel tot u komen (Soera 22 vers 27). De Hajj is een bijzonder gezicht voor de westerling en het vervult de moslim met ongeëvenaarde vreugde

en godsdienstige ijver. Het is een van de grootste godsdienstige spektakels op aarde.
De bedevaart moet worden gemaakt in de twaalfde maand van de islamitische kalender (70 dagen na de Ramadan). De pelgrim moet zeven keer om de Ka'aba (wat kubus betekent) heenlopen. De Ka'aba is het heiligste voorwerp van aanbidding en men gelooft dat het eerst door is Adam gebouwd is, en vervolgens door Abraham is herbouwd toen hij zijn zoon Ismaël bezocht. Er is geen historische bewijs die deze traditie ondersteunt. De Bijbel vermeldt nergens dat Abraham in Arabië was.
De pelgrim moet de zwarte steen in de muur van de Ka'aba kussen, waarvan gezegd wordt dat die door de engel Gabriël aan Abraham gegeven en uit de hemel gevallen is. Men gelooft dat op een van de hoeken (de Jemenitische hoek) 70 engelen amen zeggen op de gebeden van de bedevaartgangers. Voordat men huiswaarts keert, bezoekt een moslim de graftombe van Mohammed in Medina. Hierna wordt hij gezien en gerespecteerd als El'Hajj of Hajji, iemand die op Hajj is geweest, en kan naar huis terugkeren zo puur en rein als op de dag waarop hij geboren was (naar overlevering).
Vrouwen mogen de bedevaartreis alleen maken als ze vergezeld worden door hun man of een andere volwassen man uit hun familie, met het oog op hun bescherming. Het wordt gezien als een verdienste en zal beloond worden op de oordeelsdag. Het is niet verboden voor moslims om hun bedevaartreis op een ander moment in het jaar te houden. Dit wordt Umrah genoemd.

6. De heilige oorlog of Jihad

Veel moslims zouden er een zesde pilaar aan toe willen voegen. Het wordt beschouwd als de meest bekende praktijk in negatieve zin: de 'heilige oorlog', de verplichting die elke moslim (in het bijzonder jonge mannen) heeft om te vechten tegen ongelovigen (Soera 9 vers 5). Vandaag de dag boezemt de term Jihad westerlingen angst in. De profeet van de islam gaf bevel om tegen mensen te strijden totdat men zegt, 'er is geen God dan Allah'.

Aan Mohammed werd eens gevraagd: 'Wat is de beste daad?' Hij antwoordde: 'Om in Allah en zijn profeet te geloven'. Vervolgens vroeg de vraagsteller: 'Welke goede daad volgt hierop?' Hij antwoordde: 'Om mee te doen aan de Jihad (religieuze oorlog) voor de zaak van Allah' (een overlevering verteld door Abu Huraira 1 vers 25). 'De Jihad zal doorgaan tot op de oordeelsdag' (Abu Dawood, 15 vers 2484).

De heilige oorlog maakt wezenlijk onderdeel uit van de islam. Het opzienbarende succes ervan in de beginperiode hielp daaraan mee. Voor sommigen is het alleen op een oproep tot de strijd om de islam te verdedigen. Voor anderen, wat in toenemende mate nu het geval is, is het een bevel dat letterlijk opgevolgd moet worden om niet-moslim landen te veroveren en een islamitische staat te vestigen in de hele wereld, ongeacht de ellende en het bloedvergieten waarmee het gepaard gaat. Kort na de dood van Mohammed leidde Abu Bakr moslimlegers om op het Arabisch schiereiland, Noord Afrika, Spanje, India en Azië te veroveren.

De moslimgemeenschap over de hele wereld wordt Dar-Al-Islam (huis van islam) genoemd; de rest van de wereld wordt Dar-Al-Harb (dat is huis van het zwaard, of oorlog) genoemd. Vandaar dat de islam spreekt over twee huizen: 'als je niet in het 'huis van vrede' (Dar–Assalam) bent, dan ben je in het 'huis van oorlog', wat geldt voor alle niet-moslims. Om de vrede te laten overheersen in de wereld moet iedereen in het 'huis van islam' worden gebracht. Zo anders dan het christendom is de islam ontstaan en verspreid door middel van het zwaard, terwijl de Heere Jezus zijn discipelen juist beval om hun zwaarden weg te doen.

De islam ziet zichzelf als een religie die bestaat bij het voorstaan van vrede en welwillendheid, waarbij alleen naar oorlog en geweld gegrepen wordt als de godsdienst zelf bedreigd wordt (Soera 2 vers 190-193). Sinds de jaren '70 van de vorige eeuw is deze opvatting van vrede en welwillendheid een leeg begrip geworden door de toename van agressief moslimfundamentalisme en de komst van zelfmoordterroristen.

De heilige oorlog betekent twee dingen in de islam. De eerste is de geestelijke strijd of worsteling voor een persoonlijke heiligmaking door tegen zonde in het eigen leven te strijden; de ander is een letterlijke strijd voor de zaak van de islam. Er zijn meer dan 100 teksten in de Koran waarin moslims bevolen wordt de islam te verspreiden door middel van het zwaard, bijvoorbeeld door het onderwerpen van anderen, en het met geweld opleggen van het islamitische geloof en wetten (sharia) aan de wereld. In het verleden was het bekering tot de islam of de dood. Aan de andere kant is het verwarrend dat de Koran duidelijk zegt: 'Laat er geen dwang in de godsdienst zijn' (Soera 2 vers 256; 4 vers 82), wat te niet wordt gedaan door 'Dood hen die andere goden dienen'(Soera 9 vers 5). Het doel van de Jihad is om de islam te verspreiden in de wereld. Het meedoen aan de Jihad geeft bij het sterven automatisch toegang tot het Paradijs, vooral als er sprake is van martelaarschap.

Een moslimterrorist doodt zichzelf om anderen te doden, terwijl een christen bereid is om zijn leven te geven om anderen tot God te brengen om gered te worden. Veel meer moslims dan niet-moslims zijn het slachtoffer geworden van moslimfundamentalisten. Zelfmoordaanslagen vinden nagenoeg elke week plaats in Afghanistan en Pakistan. De Jihad brengt angst teweeg en destabiliseert hele naties.

Het sluiten van vrede wordt alleen overwogen vanuit het gedachtegoed van de Koran. Voor de fundamentalist hoeft de Koran niet uitgelegd te worden. Het meent wat het zegt en het hoeft niet afgezwakt te worden. De lijn tussen de radicale en tolerante islam kan gemakkelijk vervagen. In het westen zijn moslims niet zo radicaal omdat het gezegde luidt: 'Als je de hand van je vijand niet kunt afhakken, kus het dan'. Maar het idee van een vredelievende of gematigde moslim komt nergens in de Koran voor. Er is geen plaats in de hemel voor een moslim vredestichter (Soera 4 vers 95; 5 vers

33). De echte islam is gewelddadig.

Er is geen genade voor hen die van moslim bekeerd worden tot het christendom; zij moeten gedood worden. 'Grijp hen en dood hen waar je ze maar kunt vinden' (Soera 4 vers 89, 91). Moslims doen dus alleen maar wat hun profeet ook deed. Mohammed moedigde het gebruik van het zwaard namens hem en voor de zaak van Allah aan; hij beval nadrukkelijk de Jihad tegen zijn vijanden en die van Allah: voornamelijk christenen en Joden, de 'mensen van het Boek', zoals de Koran dat verwoordt (Soera 2 vers 136, 285; 3 vers 113-115; 4 vers 74, 136; 163; 5 vers 46; 8 vers 65; 61 vers 4). In de praktijk kennen moslimlanden verschillende soorten straffen.

Moslims hebben het vaak over de middeleeuwse christelijke kruistochten naar het Heilige Land alsof alle christenen schuldig zijn aan geweld. Als je naar hen luistert, lijkt het net of deze gebeurtenissen gisteren nog hebben plaatsgevonden. Er is geen enkele tekst in de Bijbel die de daden van de kruisvaarders rechtvaardigt, aangezien de Bijbel geen enkele aanleiding geeft tot het met geweld verbreiden van het geloof. De Heere Jezus Christus vroeg nooit om met wapens of legers te worden verdedigd, integendeel; terwijl jihadisten juist doen wat de Koran, hun heilige boek, hen uitdrukkelijk heeft opgedragen. Zij worden bevolen om mee te strijden in de 'heilige oorlog', en dat is bij christenen niet het geval. Moslims moeten hun geloof opleggen aan anderen, vechten, en de vijanden van de islam doden, terwijl het christelijke geloof zich alleen bedient van kalme en vredelievende middelen. Wij moeten het evangelie verkondigen door mannen en vrouwen ertoe aan te sporen, maar nooit door gebruik te maken van dwang, geweld of marteling.

Moslims bedreigen 'ongelovigen' met geweld om hen te intimideren. Toen Mohammed in Mekka over de islam begon te preken, was hij verzoenend richting christenen en probeerde hij hen goedwillend tegemoet te komen. Hij zei tegen hen: 'Wij geloven in dat wat naar ons van bovenaf is toegezonden, en naar jullie, onze God is dezelfde als jullie God' (Soera 29 vers 46). Echter, toen Mohammed in Medina was, nam zijn macht toe en toen christenen weigerden om Allah te gaan volgen, werd hem verteld: 'Vecht tegen hen die niet in God noch in de jongste dag geloven... noch de religie van de waarheid (islam) erkennen, ook al zijn zij 'de mensen van het Boek', totdat zij de Jizya (belasting) vrijwillig betalen, en zij zichzelf onderworpen voelen' (Soera 9 vers 29).

Het centrale thema van de Jihad van de islam, totale onderwerping, is een meest ijzingwekkende en griezelige praktijk.

Het is gezegd dat Mohammed op zijn sterfbed zijn volgelingen vroeg om hem te verzekeren dat er geen enkele Jood of christen op het Arabisch Schiereiland over zou blijven, omdat in de geboorteplaats van de islam alleen moslims mogen wonen (Hadith Al-Bukhari 5 vers 716). Tot vandaag de dag kun je geen kerk of synagoge vinden in Saudi-Arabië, de 'grote bewaker' van Mekka en Medina.

Samengevat, het verkrijgen van de gunst van Allah is het hart van de islam. De heerlijke Bijbelse leer van genade heeft er geen plaats in. De gunst van Allah kan alleen worden verkregen door goede werken. In de omgang met moslims is het wezenlijk om te bedenken dat het heel moeilijk voor hen is om een uiterst moeizaam verkregen zekerheid op te geven en in plaats daarvan hun vertrouwen te stellen op de Zaligmaker.

DEEL 2

WAT MOSLIMS GELOVEN OVER HET CHRISTELIJK GELOOF

VEEL VAN DE DETAILS in de Koran over Bijbelse personen kloppen niet, en veel gedeeltes gaan lijnrecht in tegen de Bijbelse boodschap. Het is niet ons doel om alle fouten aan het licht te brengen, maar het kan helpen om er een paar te benoemen.

- Abraham offerde Ismaël in plaats van Izak, om het profeet zijn van Mohammed, als zijn komende nazaat, te rechtvaardigen. Dit is meer dan een gewone historische fout of een verdraaiing van de feiten. Het is als een bijl aan de wortel van de boom van de Bijbelse leer en de geschiedenis van verzoening (Genesis 22). Mohammed hield vol dat Allah aan hem had geopenbaard dat het Ismaël was, en niet Izak, die gebruikt was om het geloof van Abraham op de proef te stellen (Soera 37 vers 100-106).
- De vrouw van Noach kwam met een van haar zonen om

tijdens de zondvloed (Soera 11 vers 42-43; vergelijk Genesis 7 vers 13; 1 Petrus 3 vers 20).

- Haman, de Amelekiet, de grote vijand van de Joden in het boek Esther (3 vers 1), wordt in de Koran voorgesteld als de minister van Farao (Soera 8 vers 38) ondanks dat de gebeurtenissen van Esther plaatsvonden tijdens het Perzische rijk in de 5e eeuw voor Christus, toen de macht van Egypte al lang vervlogen was. (De Farao uit Exodus leefde meer dan 900 jaar eerder dan Esther.)
- Het was de vrouw van Farao, niet zijn dochter, die Mozes adopteerde (Soera 28 vers 8-9; vergelijk Exodus 2 vers 5).
- Salomo sprak tot vogels en kon de taal van mieren begrijpen (Soera 27 vers 15-20).
- Koning Saul wordt verward met Gideon die 300 strijders had (Soera 2 vers 249; vergelijk Richteren 7 vers 1-7).
- Volgens de Koran beviel Maria van de Heere Jezus onder een palmboom (Soera 19 vers 23; vergelijk Lukas 2 vers 1-14).
- De Koran stelt dat alle discipelen van Christus moslims waren! (Soera 5 vers 111).
- In de Koran was Zacharias, de vader van Johannes, maar drie nachten niet in staat om te spreken; maar in de Bijbel was hij stom tot het kind geboren was, en dat was zo tijdens de hele zwangerschap van Elisabeth (Soera 3 vers 38-41; 19 vers 16-34; vergelijk Lukas 1 vers 20, 57-64).

Veel van de fouten in de Koran die de Bijbel en het christendom betreffen, zijn gebaseerd op verkeerd onderwijs dat wijd verbreid is door afvallige christenen met wie Mohammed in contact kwam tijdens zijn zakenreizen. Dit is een tragische gevolg wanneer het echte evangelie niet wordt gepreekt, mensen niet in aanraking worden gebracht met het ware geloof, want dat maakt kwetsbaar voor allerlei leugens en een verkeerde voorstelling van de waarheid. Dit betekent niet dat wij moslims moeten kleineren. Wij moeten ons juist beijveren om hen op elke mogelijke wijze in te winnen door met hen te spreken over het goede nieuws van de komst van Gods Zoon, de Heere Jezus, naar deze aarde. Onze wapens zijn niet aards, maar geestelijk, door de bekwaam makende kracht van de Heilige Geest (2 Korinthe 10 vers 4-5; vergelijk Efeze 6 vers 11-18). Het zou kunnen dat moslims moeilijk te bereiken zijn, maar het is even waar dat veel kerken hen genegeerd hebben.

De volgende hoofdstukken geven een aantal argumenten (er is niets nieuws onder de zon) die moslims gebruiken tegen het christendom, met een christelijk weerwoord erbij.

Zaligheid – wat moslims denken

DE BIJBEL laat ons onze hulpeloosheid zien, dat wij onszelf niet kunnen redden, zoals in Jesaja 64 vers 6 'Doch wij allen zijn als een onreine, en al onze gerechtigheden zijn als een wegwerpelijk kleed; en wij vallen af als een blad, en onze misdaden voeren ons weg als een wind'. Maar dan onthult het op heerlijke wijze de vrije en onverdiende zaligheid door middel van het plaatsvervangende sterven van de Heere Jezus Christus aan het kruis van Golgotha.

God is de Gever (Johannes 3 vers 16; Efeze 2 vers 8-10).

Mohammed echter, had geen heilszekerheid – 'In Allah, zelfs al ben ik de apostel van Allah, en toch weet ik niet wat hij met mij doen zal' (Soera 46 vers 9; Hadith 5 vers 58, 266). De islam brengt de wereld geen redding. Een moslim kan nooit zeker zijn van zijn zaligheid, zelfs Mohammed niet: 'noch weet ik wat er met mij of met jullie (mijn volgelingen) gebeuren zal … (Soera 46 vers 9; vergelijk 32 vers 17-18). Zijn volgelingen worden aan hun hopeloze toestand overgelaten, geheel onzeker over hun lot tot de oordeelsdag.

Zaligheid wordt opgesomd in een uitdrukking: 'Insha'Allah, 'Als Allah wil' (Soera 18 vers 23-24). Allah is zich aan niemand iets verplicht. Allah is geen god die zijn verbond houdt, zoals de God van de Bijbel Die Zich houdt aan de verbondsbeloften die Hij gedaan heeft, maar hij is een grillige god met absolute kracht wiens ondoorgrondelijke wil niet gekend of voorspeld kan worden.

Er is geen sprake van een persoonlijke bekering in de islam. Iedereen doet zijn uiterste best en moet er zelf naar streven.

Moslims geloven niet dat Adam het verbondshoofd of de vertegenwoordiger van de hele mensheid was bij de zondeval. Adam maakte alleen maar een fout, omdat hij Gods gebod om niet van de boom te eten, vergeten was. Hij dwaalde, maar toonde toen berouw en vervolgens was alles goed. De mens wordt goed geboren, maar is wel zwak. Van nature is hij niet zondig, maar alleen 'ziek'. Zijn staat is voor en na de zondeval hetzelfde gebleven. Inwendig is hij niet verdorven en hij heeft geen gevallen natuur. Daaruit volgt dat er in de islam niet zoiets is als erfzonde. De huidige toestand van de mens, waarin hij van God gescheiden is, komt door Gods bovennatuurlijke aard, niet vanwege de morele val en goddeloosheid van de mens. Het basale probleem van de mens is onwetendheid, en niet zonde. Zonde in de islam is alleen maar een fout, een uitglijder, omdat God de mens zwak geschapen heeft (Soera 4 vers 28).

Hoe anders is de kijk van moslims op dat wat we in de Bijbel lezen over onze zondige verdorvenheid. 'Van de voetzool af tot het hoofd toe is er niets geheels aan hetzelve; *maar* wonden, en striemen, en etterbuilen, die niet uitgedrukt noch verbonden zijn, en geen derzelve is met olie verzacht' (Jesaja 1 vers 6). Deze verdrietige afschildering wordt nog sterker uitgedrukt door de apostel Paulus in Romeinen 3 vers 10-23. De Bijbel zegt duidelijk dat alle mannen en vrouwen geboren worden in een verloren staat en schuldig zijn, en dat blijft heel hun leven zo, tenzij zij zich wenden tot de Heere Jezus Christus, en zaligheid vinden in zijn kostbare bloed, gestort op het kruis van Golgotha (Johannes 3 vers 18; 20 vers 30-31; Handelingen 4 vers 12). Het plan van zaligheid in de Bijbel is met de hulp van de Heilige Geest te begrijpen en te verklaren. Maar het idee van zalig worden door genade is vreemd voor de islam, want zij kent geen Evangelie, geen Goed Nieuws. Het gaat niet over het verlossende werk van God om mannen en vrouwen te redden. Aangezien Allah ver weg is en geen verbinding heeft met het menselijk geslacht, is er geen redding noch heilszekerheid. Er is geen plan van redding of plaatsvervanging in de Koran te vinden; deze termen zijn hun vreemd. De islam ontkent dat er vrijkoping kan zijn voor zondaren (Soera 2 vers 45; 4 vers 157). 'Geen lastendrager kan de last van een ander dragen' (Soera 39 vers 7).

Er is geen verzoening of vrede-aanbrenging voor de zondaar met God door middel van het offer van Christus, of enig ander offer (Soera 22 vers 36-37). Het wordt aangenomen dat geen enkele gelovige (mumin), die zijn geloof heeft beleden, voor eeuwig verloren is. Dit geloof is echter gebaseerd op een vrome traditie, maar wordt nergens in de Koran gevonden. In tegendeel, de hele tendens van de Koran suggereert hoe onzeker de positie van een gelovige is ten overstaan van een godheid bij wie macht en een onbevattelijke wil kenmerkend zijn.

Zalig worden in de islam is het doen van goede werken om slechte daden te compenseren (Soera 2 vers 23; 19 vers 96). Het gaat erom dat je je best doet, en zalig worden is dus niet uit genade, door het geloof. De hemel moet verdiend worden door zich te houden aan regels en voorschriften. Er is geen andere manier om te weten te komen of men naar de hemel gaat dan door middel van de jihad, het martelaarschap, of het overlijden tijdens de Hajj.

De Bijbel echter leert ons dat het onmogelijk is om toegang tot de hemel te verdienen door middel van goede werken (Galaten 2 vers 16; Efeze 2 vers 8-10) of door het martelaarschap (1 Korinthe 13 vers 3). God vraagt niet zozeer van een persoon om 'goed te zijn' en daardoor zalig te worden, Hij vraagt van hem om geheel volmaakt te zijn. Maar natuurlijk is er niemand bekwaam tot volmaaktheid (Romeinen 3 vers 10-23). Het is een grote, maar veel voorkomende fout om te denken dat men zijn zonden kan compenseren met het doen van goede werken. God is heilig en daarom moet er voor de zonde betaald worden. Wij hebben de rechtvaardig makende genade van God nodig, zoals dat zichtbaar wordt in het verzoenende offer van Christus. De enige weg is om tot Hem te gaan, je van je zonden te bekeren en vergeving te zoeken door Zijn genade. Zonder dat zullen de deuren van de hemel voor altijd gesloten blijven. De hemel is te rein en kostbaar om 'gekocht' te worden met iets wat wij aan zouden kunnen bieden of doen.

Het spreken met moslims over uitdelging en vergeving van de zonde door het offer van Christus moet men van tevoren goed overdenken en in gebed brengen. Zelfs de meest toegewijde moslims weten niet waar zij de eeuwigheid door zullen brengen (behalve martelaars . Bijzonder genoeg stierf Mohammed niet als martelaar, wat betekent dat hij nog niet behouden is, maar in een soort tussenstaat leeft.)

Wat een zekerheid dat wij als christenen kunnen weten waar wij na onze dood zullen zijn! Wij 'weten' is de ongeëvenaarde verklaring van het christelijk geloof (1 Johannes 2 vers 3). Het werk van Christus aan het kruis van Golgotha maakt de hemel tot een zekerheid. Voor christenen is zalig worden een zaak van verkrijgen, niet van 'een poging tot'. Het is *ontvangen*, en niet *verwerven*. Het is *vertrouwen* en niet zozeer *proberen*, want de zaligheid is al voor ons verworven, en is geheel volbracht (Johannes 19 vers 30).

- Wijs moslims erop dat het probleem dat wij hebben ons eigen hart is: 'Arglistig is het hart, meer dan enig ding, ja, dodelijk is het.' (Jeremia 17 vers 9). Alles wat moslims doen en de manier waarop zij zich gedragen is een instinctieve schreeuw om de vergeving van hun zonden, maar tragisch genoeg kloppen zij op de verkeerde deur. Zij zijn inderdaad belast en zwaar beladen met zonden, ijverig om de hemel te verdienen en de hel te vermijden. Wij moeten hen blijven wijzen op de zonde en hoe Christus met grote ontferming kwam om te zoeken en zalig te maken dat verloren was. (Lukas 19 vers 10). Cornelius was misschien wel gelijk aan een 'goede' moslim. Hij was oprecht in zijn godsdienstige overtuigingen en levenspraktijk, maar hij miste iets essentieels en in het bijzonder een Persoon: de Heere Jezus Christus. Petrus moest zijn huis bezoeken om Christus' offer tot zaligheid uit te leggen (Handelingen 10).

- Als wij moslims vertellen over de hemel, is het erg waarschijnlijk dat ze zullen vragen: Kun je dat zeker weten? Er zijn zoveel teksten in de Bijbel die spreken over de realiteit dat een gelovige in Christus naar de hemel gaat (Lukas 10 vers 20; Filippenzen 4 vers 3). Wij kunnen het voorbeeld geven van de moordenaar die berouw had en tegelijk met Christus werd gekruisigd. De Heere Jezus zei tegen hem: 'voorwaar zeg ik U, heden zult gij met mij in het Paradijs zijn' (Lukas 23 vers 43). C.H. Spurgeon zei eens op zijn unieke manier: 'als we niet in de hemel komen voordat we sterven, zullen we er nooit komen'. Christus Zelf zei: 'Ik ben de Weg, en de Waarheid en het Leven' (Johannes 14 vers 6). Paulus schreef dat er een Middelaar is tussen God en mensen, de mens Christus Jezus' (1 Timotheüs 2 vers 5; vergelijk Hebreeën 7 vers 24-25).
- Leg duidelijk uit dat de zekerheid van onze zaligheid door genade geen vrijbrief is om te zondigen. Moslims denken dat als iemand weet dat hij naar de hemel gaat, hij erop los zal leven. Maar in de Bijbel leidt genade tot heiligmaking – wij verlangen er dan naar om heilig te zijn (Romeinen 6 vers 1; Hebreeën 12 vers 14; Jakobus 2 vers 20-26). Wij doen ons best om de zonde te overwinnen. Wij kunnen er niet onverschillig tegenover staan. Wij leven uit wat wij geloven. Er is een verband tussen ons gedrag en dat wat wij geloven.
- Wanneer ons gedrag in overeenstemming is met wat wij zeggen, zullen anderen, inclusief moslims, dat opmerken.
- Leg uit dat God een bereikbare God is. Wij kunnen Hem zoeken en vinden (Mattheüs 6 vers 33; 7 vers 7-11). God openbaart Zich op geestelijke wijze aan hen die Hem met heel hun hart zoeken. Er zijn geen rituelen of ceremonies

vereist om tot Hem te naderen. Wij kunnen komen voor de genadetroon omdat het offer van Christus heeft voldaan aan al de eisen van Gods rechtvaardigheid.

- Men kan God leren kennen door Zijn Zoon (Mattheüs 11 vers 25-30). De Bijbel beschrijft God als 'onze Vader' – een term die wij allemaal kennen – maar Gods liefde is veel groter dan de liefde van een aardse vader. Ware aanbidding is een hartenzaak en gaat niet buiten het verstand om. Het zit hem niet in wat we eten of drinken, maar in dat wat uit onze mond uitgaat (Mattheüs 15 vers 11; Markus 7 vers 20-23). Laat zien dat zalig worden meer is dan uitspreken 'Ik geloof in God', of, 'Er is maar een God'. De duivel weet immers ook van al deze dingen en hij siddert (Jakobus 2 vers 19). Oprecht geloof zorgt er niet voor dat iets waar is; iemand kan oprecht zijn en toch verschrikkelijk fout zitten.

2. *De drie-eenheid – het dilemma voor moslims*

CHRISTENEN GELOVEN in een drie-enige God; moslims niet. Allah is een eenzelvig wezen, Hij bestaat uit één wezen. De Bijbel leert ons dat terwijl God één is, Hij uit drie onderscheiden, gelijkwaardige Personen bestaat – Vader, Zoon en Heilige Geest. Ook al is het woord 'drie-eenheid' een theologische term is en komt het niet in de Bijbel voor, het maakt de zaak wel duidelijk. Het is een overweldigend en verootmoedigend feit om te weten dat God de Schepper Zichzelf aan het menselijk geslacht heeft geopenbaard. Dit is de manier waarop God heeft gekozen om Zichzelf aan ons in Zijn Woord te openbaren en wij aanvaarden gelovig deze openbaring. De toegewijde moslim zegt, 'Hoe kan Hij Drie zijn in Eén en Eén in Drie? Allah zal hen die in de drie-eenheid geloven niet vergeven' (Soera 4 vers 48; 28 vers 62-64).

Het concept van de drie-eenheid is moeilijk te doorgronden – wat alleen maar bewijst dat het geen idee van mensen is. De misleidende gedachte in de islam betreffende de drie-eenheid is: 'God (de Vader), Maria (zijn gezellin) en Jezus (de Zoon)'(Soera 5 vers 73-75,

116-117). In de Koran staat geschreven dat toen Allah aan de Heere Jezus vroeg of Hij gezegd had de Zoon van God te zijn, Hij dat ontkende (Soera 5 vers 72-73, 116; 6 vers 101; vergelijk Soera 4 vers 156-158, 171). Verdrietig genoeg is het waar dat er in Mohammeds tijd naamchristenen waren die Maria aanbaden (zoals velen nog steeds doen), maar dat komt nergens in de Bijbel voor en is ook nooit door Bijbelse christenen onderwezen, toen niet en nu niet.

Waarom deze misvatting?

Voordat Mohammed claimde een profeet te zijn, maakte hij met zijn oom ontzettend veel handelsreizen. Op deze reizen kwam hij in aanraking met verschillende christelijke sekten, verspreid over het Arabisch Schiereiland. Hij zag veel afgodsbeelden, gewijde plaatsen, altaren, kruisjes, afbeeldingen van de kruisiging, de Heilige Geest afgebeeld als een duif, en verschillende andere 'christelijke' symbolen. Eén ding dat niet aan zijn aandacht ontging, was de afbeelding van een vereerde vrouw die een baby vasthield. Dat zou ertoe geleid kunnen hebben dat hij dacht dat de drie-eenheid een afgodische godheid was die uit meerdere goden bestond, namelijk God (de Vader), Maria (de moeder), en Jezus (de Zoon). Gewone moslims denken vaak dat christenen drie goden aanbidden. Hoewel moslimgeleerden kennis hebben van het aloude christelijk geloof aangaande de drie-eenheid, staan zij het toe dat deze populaire misopvatting onder het gewone moslimvolk blijft bestaan. Het is ook goed om te weten dat de Koran nooit het woord 'drie-eenheid' gebruikt, maar zegt, 'Zeg geen drie'. Zo heeft de islam zich verweerd tegen de in hun ogen foute en bijgelovige praktijken, en niet tegen de aloude *Bijbelse* kijk op de drie-eenheid, waarvan Mohammed blijkbaar niet op de hoogte was.

Soera 112 heeft maar vier verzen (deze worden dagelijks hardop uitgesproken door miljarden moslims), maar is veelzeggend als het gaat om de drie-eenheid. Hierin wordt sterk benadrukt dat Allah een enig god is en dat hij niet kan 'verwekken' (wat betekent dat hij geen zoon kan hebben).

We moeten consequent afstand nemen van deze verdraaiingen van de ware leer van de drie-eenheid, en uitleggen dat de 'Zoon van God' verwijst naar een geestelijk 'Zoon zijn', en niet naar een fysieke of biologische. Geen enkele ware christen zal er zo'n gedachte op nahouden. Er is geen enkele christen die gelooft dat God de vader werd van een zoon met een vrouw genaamd Maria, om op deze manier God tot een menselijk niveau te verlagen! God bestaat van eeuwigheid uit drie Personen, Vader, Zoon, en Heilige Geest, gelijk in Wezen, en gelijk in kracht, heerlijkheid en eeuwigheid. Een hymnschrijver verwoordt het zo:

Almighty God, to Thee
Be endless honours done,
The undivided Three,
And the mysterious One.
Where reason fails, with all her powers,
There faith prevails and love adores.
Isaac Watts

Vertaling:

Almachtige God, wij zijn U oneindige eer verschuldigd,
De onverdeelde Drie, en de wonderlijke Ene.
Waar wij het niet kunnen bevatten, blijft het geloof en
liefdevolle aanbidding over.

De Godmens is het grootste struikelblok voor moslims, maar voor Bijbelgetrouwe gelovigen is het een van de heerlijke mysteries van het christelijk geloof. De leer van de drie-eenheid moet door moslims (en ieder ander) geloofd worden. Dit doen wij door in te stemmen met de Bijbelse openbaring, en niet door verstandelijk te redeneren (Handelingen 9 vers 20-22; Mattheüs 16 vers 15-17). Het gaat ons begrip wel te boven, maar er niet tegenin. Niemand kan volkomen recht doen aan de grootheid van God. Wij zijn niet in staat om de diepte van dit mysterie in taal uit te drukken.

De kerkvaders maakten gebruik van een driehoek om de drie-eenheid uit te leggen, maar ze deden dat niet op een verticaal oppervlak omdat dat de suggestie zou wekken dat de ene hoek hoger staat dan de andere. In plaats daarvan schilderden zij het op het plafond of op een horizontaal vlak om de absolute en volmaakte gelijkheid in de Godheid aan te tonen.

De Puriteinen illustreerden het door aan de zon te refereren, haar stralen en haar hitte.

Een plant of bloem in al zijn eenvoud in: is ook wel eens gebruikt als voorbeeld omdat het uit drie delen bestaat: wortel, stengel en bloem – en het toch één plant is. Geen van de voorbeelden voldoet helemaal. Als gelovigen kennen wij God, wij hebben persoonlijke omgang met Hem; en toch blijft Hij wonderlijk in Zijn onbevattelijke drie-enige natuur.

Drie-eenheid betekent letterlijk 'drie-in-een', een mysterie geopenbaard in de Schrift (Genesis 1 vers 26; 3 vers 22; 11 vers 7; 16 vers 7-13; 18 vers 1-21; 19 vers 1-28; Richteren 13; Psalm 2 vers 6-12; 45 vers 6-7; Jesaja 6 vers 8; 48 vers 12-16; 63 vers 7-10; Mattheüs 3 vers 16-17; 28 vers 19; Johannes 14 vers 16; 1 Korinthe 12 vers 4-6; 2 Korinthe 13 vers 14; Hebreeën 9 vers 14; 1 Petrus 1 vers 2; 1 Johannes 5 vers 7-8). Wij buigen in aanbidding neer waar ons beperkte verstand het niet ten volle kan bevatten. Wij weten dat er geen zaligheid mogelijk is zonder de leer van de drie-eenheid, omdat alleen de Godmens, Christus, een genoegzaam offer kon brengen om verzoening te doen voor de zonden van mensen. Dat is werkelijk het grote verschil tussen de islam en het christendom.

3. De persoon van de Heere Jezus Christus: aanvaard maar verkeerd begrepen

OOK AL ONTKENT de Koran op stellige wijze de Godheid van de Heere Jezus Christus en vervloekt het allen die Hem belijden als Heere (Soera 9 vers 30; vergelijk 5 vers 72), toch wordt Jezus, opmerkelijk genoeg, als een uniek persoon gezien (Soera 3 vers 52; 5 vers 19). De Koran heeft veel te zeggen over de Heere Jezus. Het kent titels aan Hem toe die aan niemand anders zijn gegeven, zelfs zo dat veel moslims geloven dat zij Christus meer eer geven dan christenen.

- De Heere Jezus wordt beschouwd als een van de belangrijkste profeten van de islam – ook al worden Moslims onderwezen om geen onderscheid te maken tussen de profeten (Soera 2 vers 130; 285; 3 vers 78). Zijn Naam wordt in een adem genoemd met die van Abraham en alle andere grote profeten (Soera 6 vers 84).
- Hij wordt 25 keer genoemd in de Koran, en 93 verzen bevatten een indirecte verwijzing naar Hem. Opmerkelijk genoeg wordt Hij vaker genoemd dan Mohammed! Tegelijkertijd moeten wij voorzichtig zijn. De gedachte dat de Isa (Jezus)

in de Koran een andere is dan de Heere Jezus in de Bijbel, is gerechtvaardigd.

- De Koran ontkent dat Christus de Zoon van God is (Soera 4 vers 171). De Koran spreekt over de wonderen die Hij gedaan heeft, waarvan sommige al vanaf zijn kinderjaren (Soera 5 vers 110), maar refereert nooit aan Zijn Bijbels onderwijs of profetieën. Hij, Die sprak en onderwees als geen ander (Johannes 7 vers 46), komt amper voor in de Koran. Het is goed om op te merken dat terwijl de Koran de wonderlijke geboorte van Christus uitvoerig beschrijft, er geen enkele verwijzing is naar de geboorte van Mohammed.

Hier volgen enkele van de meest opzienbarende eigenschappen waarmee de Heere Jezus Christus in de Koran wordt beschreven-eigenschappen die alleen aan God toebehoren!

- Hij was geboren tot een 'teken' voor alle mensen, en een voorbeeld voor de kinderen van Israël (Soera 3 vers 49; 21 vers 91; 43 vers 59; vergelijk Jesaja 7 vers 14). Dit wordt van geen enkele andere profeet gezegd. Moslims zullen ons vragen waarom we zoveel nadruk leggen op de maagdelijke geboorte van Christus; Adam had namelijk geen vader en geen moeder, redeneren ze. Het is een belangrijk verschil: Adam was *geschapen*, niet geboren; terwijl Christus geboren was, hoewel zonder vader, omdat hij al bestond. Zo nam Hij het menselijk vlees aan. Zijn geboorte kent geen gelijke, het is volkomen uniek.
- Hij wordt het 'Heilige Kind' genoemd, Die geboren is uit een maagd en gezegend is door God (Soera 19 vers 19-20; 30). Opmerkelijk genoeg wordt zijn vader nergens genoemd (wat heel apart is in een Arabische cultuur, waar de man als hoofd het gezag heeft), en in werkelijkheid wordt Hij vaak aangehaald als de 'Zoon van Maria' (Soera 5 vers 75, 78, 110, 112; 4 vers 46, 171; 61 vers 6). Hierin wordt Zijn maagdelijke ontvangenis benadrukt voor hen die ogen hebben om te zien

en oren om op te merken.

- Jezus Christus wordt in de Koran de 'Heer' van Mohammed genoemd (Soera 2 vers 91).
- Hij is de enige profeet die zonder zonde was (Soera 19 vers 19, 31-32; vergelijk Hebreeën 7 vers 26). Terwijl iedere andere profeet zondig was en vergeving zocht bij God, deed de Heere Jezus dat nooit. Hem is geen enkele zonde verweten. Hij was rein en zonder blaam. In grote tegenstelling met de rest van het mensdom (profeten en boodschappers meegerekend) was Hij heilig, onstraffelijk, onbezoedeld, vrij van kwaad, en zonder overtreding. Mohammed getuigde op verschillende momenten dat hij een zondaar was (Soera 18 vers 110; 48 vers 2), en Allah vertelde Mohammed dat hij zich moest bekeren van zijn zonden (Soera 40 vers 55). De Bijbel leert ons dat een zondeloos offer essentieel was voor de zaligheid van mensen.
- Hij wordt Kalimatu' Allah (het 'Woord van God', Soera 3 vers 39; 4 vers 171) genoemd. Dit is de meest populaire titel voor Hem in de Koran, en een titel die Johannes 1 vers 1-18 weerspiegelt. God en Zijn Woord moeten zeker wel een en dezelfde zijn.
- Er wordt naar Hem verwezen als de Ruah (geest) of de Ruhun min Allah (Geest van God, Soera 4 vers 171; vergelijk 3 vers 45). Als de Heere Jezus het Woord en de Geest van Allah is, wat blijft er van Allah over als zijn Geest en Woord van Hem af zouden worden genomen? Zo moet Christus wel God zijn, omdat Hij het Woord van God en Zijn Geest is.
- Hij wordt zeer geprezen en weergegeven als 'groot zijnde en zeer bekend en vereerd in deze wereld en de volgende' (Soera 3 vers 46; 33 vers 69), wat van geen enkele andere profeet gezegd wordt. De Bijbel zegt ons dat Christus, de Zoon van God, de hoogste plaats is gegeven, ver boven mensen en engelen (Psalm 110 vers 1; Hebr. 1 vers 1-13).
- Hij is de enige naar wie verwezen wordt als de Messias

(Al-Masih, de Gezalfde), in totaal elf keer (Soera 3 vers 45; 4 vers 157, 171-172; 9 vers 31, en andere plaatsen). Mohammed vermeldt overigens niet wat dit eigenlijk betekent. De Koran geeft er geen uitleg over en zegt in feite dat Hij niet meer was dan een profeet (Soera 4 vers 171).

- Hij is ook Het Woord en de Rede der Waarheid (Soera 19 vers 34-35).
- Hij is de Genade van Allah (Soera 19 vers 21).
- Hij heeft Macht om te scheppen (Soera 5 vers 113), en macht om doden op te wekken (Soera 3 vers 49; 5 vers 113). In de Koran staat dat de Heere Jezus zieken geneest, melaatsen reinigt, blinden het gezicht geeft, doden opwekt, en een tafel met hemels eten meebracht (Soera 5 vers 110, 116). Moslims geloven vandaag de dag nog steeds in de helende kracht van Christus en in Zijn macht om wonderen te doen. Dat is waarom sommige moslims Christenen vragen om voor hen te bidden.
- Hij leeft en is in de hemel (Soera 3 vers 55). Moslims geloven dat Christus nog steeds leeft (nooit gekruisigd is, maar voor de kruisiging opgenomen is in de hemel). Totdat Hij sterft (Hij kan of zal nooit sterven, Openbaring 1 vers 18), kan er geen sprake zijn van een opvolger. Daarom kan Mohammed zijn opvolger niet zijn.
- Het is goed om op te merken dat elke moslim dagelijks vijf keer bidt: 'Vrede zij Mohammed'. Zij bidden of God hem (dat is Mohammed) toegang wil geven tot de hemel. Een mens kan alleen geven wat hij al heeft. Als Mohammed geen plaats heeft in de hemel, of zelfs zelf geen vrede heeft, hoe kan hij het dan aan anderen geven? Als de leider van de islam al niet weet waar hij heen gaat, wat gebeurt er dan met zijn volgelingen? Christenen daarentegen hoeven niet voor de Heere Jezus te bidden 'vrede zij Hem', want Hij is de Heere van allen en lid van de Goddelijke drie-eenheid die Goddelijke macht heeft

om alles tot stand brengen. Hij is de Vredevorst (Jesaja 9 vers 6), de Vrede-aanbrenger (Johannes 14 vers 27; Colossenzen 1 vers 20), 'want in Hem woont al de volheid Gods lichamelijk' (Colossenzen 2 vers 9). Christus is onze 'vrede' (Efeze 2 vers 14) en Hij geeft ons ware geestelijke vrede.

4. De titel 'Zoon van God' – de grote verwarring

(Soera 19 vers 35, 91-93; vergelijk 17 vers 112; 43 vers 59)

DEZE TITEL is hoogst beledigend voor moslims vanwege de simpele reden dat ze deze omschrijving verkeerd begrijpen. Wij zullen het hen uit moeten leggen dat ons geloof in Jezus als de Zoon van God niet betekent dat hij een lichamelijke of natuurlijke zoon van God zou zijn. Maria was niet de vrouw van God! Dat zeggen of suggereren zou voor ons ook zeer aanstootgevend zijn. Laat het hen weten of zeg het maar tegen hen dat zoiets ons ook godslasterlijk in de oren klinkt.

De Koran stemt er mee in dat de Heere Jezus uit een maagd geboren is, wat door Allah gedaan is op onnatuurlijke wijze. Het wordt in de Koran en de Bijbel als een wonder beschreven dat nooit eerder was voorgekomen en ook nooit meer zal plaatsvinden. Zo wordt de Heere Jezus in de Koran nog steeds gezien als mens, en niet meer dan dat, hoewel uitzonderlijk.

De uitdrukking 'Zoon van God' is niet alleen Zijn titel; het zegt beide iets over Zijn Naam en Wezen. De Vader zei in Mattheüs 3 vers 17, 'Dit is Mijn geliefde Zoon'.

De Heere Jezus werd niet pas Gods Zoon toen Hij op aarde geboren werd; Hij is van eeuwigheid de Zoon van God. Moslims vragen: 'Hoe kan God een zoon hebben?' In Spreuken 30 vers 4 wordt de vraag gesteld: 'Wie is opgeklommen in de hemel, of neergedaald? Wie heeft de wind in zijn vuisten verzameld? Wie heeft de wateren gebonden in een kleed? Wie heeft de einden van de aarde gegrondvest? Wat is zijn naam en wat is de naam van zijn zoon, kunt u dat zeggen?' Bij een besluit van eeuwigheid, heeft God verklaard dat Hij zijn Zoon tot Koning heeft gezalfd (Psalm 2 vers 6-12; vergelijk Handelingen 13 vers 33, Hebreeën 1 vers 5) voor alle eeuwigheid, vanaf het begin der wereld tot het einde toe. Het feit dat Hij Gods Zoon is, heeft niets te maken met een letterlijke geboorte, maar duidt de meest hechte relatie aan.

Dat twee discipelen van De Heere bijvoorbeeld 'Zonen des donders' worden genoemd, vat ook niemand letterlijk op, niemand zou denken dat 'de donder' een vrouw had! Buiten de Bijbel wordt in bepaalde culturen een mede-inwoner ook wel een 'zoon van het land' genoemd, of een reiziger 'zoon van de weg', of een student als 'zoon van de school'. De Koran zelf wordt Umm-al-kitab (de 'moeder van alle boeken) genoemd, maar niemand denkt dat uit de Koran alle andere boeken zijn voortgekomen. Zo heeft God ook geen natuurlijke Zoon.

Het 'Zoon zijn' van Christus is een niet te vatten gemeenschap van eeuwigheid tussen de drie-enige God. God de Vader kreeg Zijn Zoon van eeuwigheid (Johannes 1 vers 18), en deze twee verhouden zich tot elkaar in liefdevolle eenheid en gemeenschap als Vader en Zoon, maar op een veel verhevener, geestelijke wijze. Aan dit reeds onbevattelijke mysterie voegde God toe dat Zijn Zoon de menselijke natuur aannam, waarin Hij de Godmens werd met een Goddelijke en menselijke natuur, ongescheiden verenigd in één Persoon.

De uitdrukking 'Zoon' is deels gebruikt om aan ons begrensd verstand tegemoet te komen, zodat wij kunnen begrijpen dat Christus van God kwam, ook al gaat het veel dieper dan dat. Zijn

Wezen als Zoon betekent dat dat Hij als tweede Persoon in de drie-eenheid een eeuwige en unieke gemeenschap met God heeft. De aanduiding 'Zoon' wordt overduidelijk niet gebruikt om een natuurlijke verhouding of geboorte aan te geven. Hier zijn enkele verwijzingen in de Schrift die laten zien dat de Heere Jezus de 'Zoon van God' is.

- Hij is de 'eniggeboren Zoon, die in de boezem des vaders is, Hij heeft Hem ons verklaard' (Johannes 1 vers 18).
- De Zoon was in de beginne bij God, en Hij is het beeld van Zijn Vader (Johannes 1 vers 1; 14 vers 19; Colossenzen 1 vers 15).
- God noemt Hem 'Zoon' en Hij noemt Hem 'Vader'. Hij kent de Vader en kent Zijn wil als de 'geliefde Zoon' (Mattheüs 11 vers 25-27; Johannes 8 vers 28-29; Hebreeën 1 vers 5).
- Het evangelie van Markus begint met een duidelijke verklaring: 'Het begin van het evangelie van Jezus Christus, de Zoon van God'.
- De engel Gabriël kondigde de Heere Jezus voor Zijn ontvangenis aan als de Zoon van God (Lukas 1 vers 32, 35).
- De duivel wist maar al te goed dat Hij de 'Zoon van God' was (Mattheüs 4 vers 3 en 6), en de duivelen ook (Markus 3 vers 11).
- Petrus beleed dat Christus de Zoon van God was, wat door de Heere werd overgenomen en bevestigd (Mattheüs 16 vers 16-17).
- De preken die door de discipelen gehouden werden na de uitstorting van de Heilige Geest bevatten veel verwijzingen naar het 'Zoon zijn' van Christus (Handelingen 3 vers 13, 26; 4 vers 27; 8 vers 37; 9 vers 20; 13 vers 33).
- Door het hele Nieuwe Testament heen wordt Hij als de Zoon van God beschouwd (bijvoorbeeld: Romeinen 1 vers 3-4; 1 Korinthe 1 vers 9; Galaten 4 vers 4; Colossenzen 1 vers 13; Efeze 4 vers 13; Hebreeën 1 vers 2; 1 Johannes 1 vers 3).

- Johannes de Doper zag in Hem de Zoon van God (Johannes 1 vers 34; 3 vers 34-36).
- De discipelen zagen Hem als God (Johannes 1 vers 1, 18; 20 vers 28, 31; Filippenzen 2 vers 5-11; Colossenzen 2 vers 9).
- De Bijbel verklaart dat Christus, de Messias, de 'machtige God' is (Jesaja 9 vers 6), en de 'grote God en onze Zaligmaker'(Titus 2 vers 13).
- In het beginne was het Woord; de Heere Jezus Christus, God de Schepper tot vlees gemaakt (Johannes 1 vers 1-3, 14, 18; Colossenzen 1 vers 16 en 17; Hebreeën 1 vers 1-3, 8-12; 1 Johannes 1 vers 1-3, 5-20).
- De profeten uit het Oude Testament van voor de komst van de Heere Jezus naar deze aarde, geloofden dat Hij God Zelf zou zijn (Psalm 2 vers 10-12; 45 vers 6-7, aangehaald in Hebreeën 1 vers 8 en 9; Psalm 110 vers 1, aangehaald door Christus in Mattheüs 22 vers 42-45; Jesaja 6 vers 1-3, 9-10; vergelijk Johannes 12 vers 41; Jesaja 7 vers 14, 9 vers 6-7; 52 vers 13-53 vers 12; Jeremia 23 vers 5-6; 33 vers 15; Daniël 7 vers 13-14; 9 vers 24-27).
- De dag komt waarin 'in de Naam van Jezus elke knie zal buigen, van wat in de hemel is, en wat op de aarde is, en wat onder de aarde is; en ... elke tong zal belijden dat Jezus Christus de Heere is, tot heerlijkheid van God de Vader' (Filippenzen 2 vers 10-11).

Moslims brengen christenen graag onder de aandacht dat de Heere Jezus nergens gezegd heeft dat Hij de Zoon van God was. Zij zeggen ook dat er in de Bijbel geen enkel vers hierover te vinden is. Als dat waar zou zijn, waarom wilden de Joden Hem dan stenigen voor godslastering? (Johannes 8 vers 58-59; 10 vers 30-39). De mensen in Zijn tijd begrepen maar al te goed dat Christus Zichzelf aan God gelijk maakte. Waarom zou Hij gezegd hebben, 'Mij is gegeven alle macht in hemel en op aarde?' (Mattheüs 28 vers 18). Dat zou nooit kunnen als Hij geen God was.

Is het waar dat de Heere nooit gezegd heeft dat Hij God was of de Zoon van God? Neem dan de volgende gedeeltes in overweging:

- In de Evangeliën zien we dat de Heere Jezus direct en indirect naar Zichzelf verwees als de 'Zoon van God' (bijvoorbeeld Mattheüs 11 vers 25-27; Johannes 3 vers 16-18); en Hij sprak ondubbelzinnig over Zijn 'Zoon zijn' (Johannes 5 vers 22-23; 8 vers 35-36; 9 vers 35-38; 10 vers 30-33; 14 vers 13; 17 vers 1-3).
- Hij maakte Zich bekend als God geopenbaard in het vlees (Johannes 8 vers 56-59).
- De Joden claimden dat Hij godslastering had begaan door te zeggen dat Hij de Zoon van God was (Markus 14 vers 61-64; Johannes 19 vers 7). Zij begrepen goed wat Hij bedoelde te zeggen; Christus beleed openlijk dat Hij de Zoon van God was.
- Waarom werd Hij gekruisigd? Omdat Hij Zichzelf gelijk had gemaakt met God (Johannes 5 vers 17-18; 10 vers 30, 33; 14 vers 1). De Joden wisten ongetwijfeld wat Christus bedoelde, en dat Hij beweerde volmaakt God en volmaakt mens te zijn.
- Hem werd op aarde Goddelijke eer toegebracht, en Hij verhinderde nooit iemand daarin, ook al is die eer uitsluitend aan God voorbehouden (bijvoorbeeld: Mattheüs 14 vers 33; Johannes 20 vers 28-29; vergelijk Paulus en Barnabas in Lystre, Handelingen 14 vers 11-18).
- De engelen aanbidden Hem (Hebreeën 1 vers 6) en Hij kon legioenen engelen bevelen geven (Mattheüs 26 vers 53). Hij oefende volledige macht uit over het rijk van de duivel (bijvoorbeeld Mattheüs 9 vers 32-34; Markus 3 vers 11-12; Lukas 8 vers 26).
- De wijzen uit het oosten aanbaden Hem terwijl Hij nog een kind was (Mattheüs 2 vers 11).
- Een arme melaatse aanbad Hem (Mattheüs 8 vers 2), waarop Hij hem als door een Goddelijk wonder genas.

- Hij alleen kan de ziel rust geven, iets wat alleen God kan (Mattheüs 11 vers 28-30).
- Hij zei dat Hij de macht had om zonden te vergeven, en wie anders dan God kan dat doen? (Mattheüs 9 vers 2-8). Zijn vijanden noemden dit een godslastering.
- Geen mens kan God zien en leven, maar Christus getuigde dat Hij de Vader had gezien, en Hij met de Vader was (Johannes 3 vers 13; 6 vers 46), en dat wie Hem gezien heeft ook God de Vader gezien heeft, want Hij is één met de Vader (Johannes 10 vers 30; 14 vers 9-13).
- De naam waarmee Hij bij voorkeur Zichzelf bekend maakte, was 'de Zoon des mensen'. Juist verstaan is dit de Goddelijke titel voor de vleesgeworden Zoon. Het getuigt van Goddelijke autoriteit (Lukas 6 vers 5; 19 vers 10) en betekent hetzelfde als 'Zoon van God'. Zie Mattheüs 26 vers 63-66, waar de Joden Hem ter dood veroordelen wegens godslastering. De oudtestamentische achtergrond voor deze naam is Daniel 7 vers 13-14, waarmee overduidelijk Zijn Godheid wordt aangeduid. De Heere verwijst hiernaar in Mattheüs 26 vers 64.
- Zijn machtige 'Ik ben' uitspraken tonen duidelijk aan dat Hij de enige en ware God is van zowel het Oude – en Nieuwe Testament (Exodus 3 vers 15; vergelijk Johannes 6 vers 35; 8 vers 12; 10 vers 9-11; 11 vers 25; 14 vers 6; 15 vers 1).

Bedenk ook dat Hij in eigen kracht bewust dingen deed die alleen God kan:

- Hij deed grote wonderen, zoals het te eten geven van duizenden mensen bij twee verschillende gelegenheden (Mattheüs 14 vers 14-21; 15 vers 32-38), en het veranderen van water in wijn (Johannes 2 vers 1-11).
- Hij oefende absolute macht uit over natuurgeweld: Hij stilde een storm, en Hij wandelde op de zee (Mattheüs 14 vers 24-33; Markus 4 vers 35-41).
- Hij heelde de menigten, van wie velen ongeneeslijk ziek waren

zonder hoop op herstel (Mattheüs 4 vers 23-25; Johannes 9 vers 1-7).

- Hij wekte doden op (Markus 5 vers 41-42; Lukas 7 vers 11-15; Johannes 11 vers 43-44).

De Zoon van God is niemand minder dan God Zelf. Zijn Godheid is van wezenlijk belang voor het begrijpen van de Godheid, de drie-eenheid en de verlossing.

5. Het sterven van Christus aan het kruis: feit of fabel?

DE KRUISIGING van Christus is het centrale thema in het geschil tussen het christendom en de islam. Voor Mohammed is er nooit iemand geweest die het sterven van de Heere aan het kruis ontkende. De islam heeft zich altijd, door de eeuwen heen en overal in de wereld, verzet tegen het verzoenende werk van Christus aan het kruis van Golgotha. Stuk voor stuk worden de fundamentele waarheden van het christendom door de islam ontkend, het kruis als de kern van het geloof, in het bijzonder. De islam blijft erbij: 'Maar zij (de Joden) doodden hem niet, ook kruisigden zij Hem niet, maar het was zo aan hen voorgesteld' (Soera 4 vers 157).

De overlevering zegt dat Mohammed alles wat in zijn huis kwam wat een kruisteken had, kapot maakte. Moslims zien het kruis als een afgang, terwijl de dood en de opstanding van Christus nu juist de grootste overwinning was die ooit in de geschiedenis van deze wereld plaatsvond. Christus overwon de dood, de zonde en de duivel voor hen die zich bekeren en hun vertrouwen stellen op Zijn dierbare bloed. Op geen enkele wijze kent de leer van de islam

plaatsvervangende verzoening: 'geen enkele lastendrager zal de last van een ander dragen' (Soera 53 vers 38; 17 vers 15; 39 vers 7).
Hoe moeten wij omgaan met de stelligheid van de islam waarmee zij de dood van de Heere Jezus ontkennen? Wij moeten hen wijzen op de gedeeltes in het Oude testament waar het lijden van de Messias voorzegd werd, en ook de gedeeltes in het Nieuwe testament waarin de Heere Jezus *Zelf* Zijn dood voorzegde. Vervolgens wijzen wij hen op het bewijs voor de dood van de Heere, in het bijzonder door het getuigenis van de Evangeliën.
Sommige moslims geloven dat de Heere Jezus gemarteld was aan het kruis, maar dat Hij er nooit stierf. Er zijn echter, opvallend genoeg, twee belangrijke gedeeltes in de Koran (Soera 3 vers 55; 4 vers 157-158) die indirect aan de dood van Christus refereren. Toch blijven moslims volharden in het ontkennen ervan.
De Koran verklaart: 'men had het hen zo verteld...'(Soera 4 vers 157). Deze woorden suggereren dat er een wijziging is aangebracht. Met andere woorden, de discipelen waren ten prooi gevallen aan een illusie. Moslims zeggen dat het een hoax van de vroege kerk was. De Heere was voor zijn kruisiging opgenomen ten hemel, en Judas (of Simon van Cyrene) stierf (aan het kruis) in Zijn plaats. Met andere woorden, het was niet de Heere Jezus die voor anderen stierf, maar een mens stierf in de plaats van de Heere Jezus Christus aan het kruis. Dit is een regelrechte ontkenning van het verzoenend werk van Christus. De vraag rijst, waarom zou God Christus ten hemel opnemen en iemand anders aan het kruis laten sterven?
Waarom wordt het kruis als symbool gebruikt als Hij er niet aan gestorven was? Er zijn veel meer bewijzen voor Zijn dood dan voor de openbaringen van Mohammed. Velen hebben getuigd van de gebeurtenissen op Golgotha. En overdenk eens het volgende:

- Zijn kruisiging was voorzegd (Psalm 22; Jesaja 53; Zacharia 12 vers 10).
- De Romeinse en Joodse geschiedenis laten er geen twijfel over bestaan dat Christus gestorven was, zoals de Joodse

geschiedschrijver Flavius Josephus, de Romeinse historicus Cornelius Tacitus (eerste eeuw na Christus) en Lucian de Griek (tweede eeuw na Christus) dat beschreven hebben.

- Bij vijf verschillende gelegenheden zei Hij dat Hij zou gaan sterven (Mattheüs 12 vers 39-40; 16 vers 21; 17 vers 22-23; 20 vers 18-19; 26 vers 1-2 en gelijke teksten uit de andere Evangeliën). Twee van deze gedeelten (Mattheüs 20 vers 18-19; 26 vers 1-2) vermelden expliciet de kruisiging. Terwijl Hij het kruis kon ontlopen, was Hij vastberaden om de kruisdood te ondergaan.
- Zoals geprofeteerd, werd Hij door Judas, een vriend, ter dood verraden (Psalm 41 vers 9; 55 vers 12-14, 20-21; Zacharia 11 vers 12-13; Mattheüs 26 vers 3-4, 14-16; Lukas 22 vers 48).
- Hij was in Gethsemane door een bende soldaten gearresteerd om voor het gericht te komen (Johannes 18 vers 3).
- De hogepriester profeteerde dat één mens moest sterven voor het volk (Johannes 18 vers 14).
- Toe Christus stierf, scheurde het voorhangsel van de tempel dat het Heilige van het Heilige der Heiligen scheidde, in tweeën. Dit symboliseerde dat een mens alleen door Zijn dood vrije toegang tot God kan hebben (Mattheüs 27 vers 51).
- Het staat duidelijk vermeld: 'toen Jezus dan de edik genomen had, zeide Hij: 'Het is volbracht', en het hoofd buigende, gaf de geest' (Johannes 19 vers 30).
- Maria, zijn moeder, was bij het kruis, en een moeder zou nooit iemand anders met haar eigen zoon verwarren. In het bijzonder omdat zij om Hem huilt tijdens zijn angstige doodslijden (Johannes 19 vers 25-27).
- Een aantal van zijn volgelingen waren getuige van zijn kruisiging (Johannes 19 vers 25-27).
- Pilates wilde er absoluut zeker van zijn dat Hij gestorven was, voordat hij toestemming gaf om zijn lichaam van het kruis te laten halen. Vervolgens werd zijn lichaam begraven in het graf

van een rijke (zoals zevenhonderd jaar ervoor geprofeteerd was, Jesaja 53 vers 9; Markus 15 vers 43-45).

- De Joden die wisten dat Hij gestorven was, maar bang waren dat de discipelen Zijn lichaam zouden stelen, vroegen Pilates om een wacht bij het graf te zetten. Zij zeiden: 'Heer, we herinneren ons dat deze verleider gezegd heeft, toen Hij nog in leven was, Na drie dagen zal Ik opstaan' (Mattheüs 27 vers 63).
- De soldaten wisten dat Hij gestorven was; en de Joden eisten dat Hij voor zonsondergang gestorven moest zijn.
- Als de dood van Christus slechts een mythe was, waarom stierven dan alle discipelen – naar alle waarschijnlijkheid, uitgezonderd Johannes, als martelaren voor hun geloof? Een mens kan zijn leven geven voor een edele zaak, maar niemand offert willens en wetens zijn leven op ter wille van een leugen of sprookje.
- De vroege kerk ging erop uit en predikte overal Zijn *dood* en opstanding. 'Deze Jezus, die naar het vastgestelde raadsbesluit en voorkennis van God overgegeven is, hebt u gevangen genomen en door de handen van onrechtvaardigen aan het kruis gespijkerd en gedood. God heeft Hem echter op doen staan, de banden des doods ontbonden hebbende, omdat het niet mogelijk was dat Hij daardoor vastgehouden zou worden' (Handelingen 2 vers 23-24).

En inderdaad, Christus hing die dag daadwerkelijk zes uren aan het kruis en stierf ook echt. Bovendien, hoe kan een groot en heilig God, die de leugen haat, mensen misleiden of voorliegen door iemand anders in plaats van Christus aan het kruis te laten sterven? Het is onmogelijk voor Hem om van een leugen gebruik te maken. Dat gaat geheel tegen Zijn natuur in (Titus 1 vers 2).

Hoewel aan de ene kant het Kruis een schande is, is het tegelijkertijd een grote overwinning. 'Maar God verhoedde dat ik in iets anders zou roemen dan in het kruis van onze Heere Jezus Christus'

(Galaten 6 vers 14). Door middel van het kruis laat God ons niet alleen Zijn haat tegen de zonde zien, maar ook Zijn grote liefde voor zondaren. Er is geen andere weg naar de hemel dan door het kruis van Christus, en dat is waarom Hij het doorstond. Zijn kruisiging laat ons onze zondige en boze natuur zien, maar ook Gods liefde, genade, wijsheid, kracht en goedheid.

Ook al ontkent de Koran stellig de dood van Christus, toch zijn er andere verzen die schijnen te zeggen dat de Heere was gedood (Soera 4 vers 157-158; 3 vers 55; 5 vers 117). 'En vrede is met mij op de dag dat ik geboren werd en de dag waarop ik sterven zal en de dag waarop ik uit de dood opgewekt zal worden. Dat is Jezus, de zoon van Maria – het Woord van de waarheid' (Soera 19 vers 34). Als de islam de kruisiging van de Heere ontkent, hoe kunnen deze verzen dan spreken over de opstanding van iemand die niet gestorven is?

'Christus zal de Boze vernietigen en veertig jaar leven op aarde en zal dan sterven' (Abu Dawood, 37.4310, verhaald door Abu Hureira). Moslims geloven volgens overlevering (niet volgens de Koran) dat Christus terug zal komen, en dat Hij zal sterven en dichtbij Mohammed (die getrouwd was, 6 kinderen verwekte, en alle christenen, die zich niet tot de islam bekeerden, heeft afgeslacht) begraven worden. Dan zal hij alle kruisen kapot slaan en over alle moslims regeren (dat in tegenspraak met Soera 5 vers 69, waar het tegenovergestelde staat).

Christus is de enige profeet in de islam die een heel belangrijke rol zal spelen in de laatste dagen, en in het toekomende. Naar de Schriften zal Christus niet terugkomen om opnieuw te sterven, maar om te vervullen wat Hij beloofd heeft: 'Uw hart worde niet ontroerd, gijlieden gelooft in God, geloof ook in Mij. In het huis mijns Vaders zijn vele woningen, anders zo zou ik het u gezegd hebben. Ik ga heen om uw plaats te bereiden. En als ik heenga en uw plaats zal bereid hebben, dan zal ik terugkomen, en u tot Mij nemen; dat waar Ik ben, gij ook zijn zult' (Johannes 14 vers 1-3).

De Bijbel zegt: ' Voorts, broeders, ik maak u bekend dat Evangelie dat ik u verkondigd heb, hetwelk gij ook aangenomen hebt, in het welk gij ook staat, door hetwelk gij ook zalig wordt, indien gij het behoudt op zodanige wijze als ik het u verkondigd heb, tenzij dan dat gij tevergeefs geloofd hebt. Want ik heb u ten eerste overgegeven hetgeen ik ook ontvangen heb, dat Christus gestorven is voor onze zonden, naar de Schriften; en dat Hij is begraven, en dat Hij is opgewekt ten derde dage, naar de Schriften' (1 Korinthe 15 vers 1-4; vergelijk 1 Petrus 3 vers 18.).

6. De Schriften – het grote misverstand

(Soera 5 vers 47; 10 vers 94-95; 48 vers 23)

MOSLIMS GELOVEN dat de Koran woord voor woord in prachtig Arabisch aan Mohammed is gedicteerd door de engel Gabriël. De Bijbel daarentegen, is geschreven door mannen die geïnspireerd waren door de Heilige Geest (2 Petrus 1 vers 19-21). Het is een Goddelijk en door God geschonken Boek. De Heilige Geest is de Auteur van de Bijbel. En toch is dit Goddelijke boek ook menselijk, want de Heilige Geest gebruikte en leidde de schrijvers met verschillende karakters en mogelijkheden om het zo op te schrijven, zoals Hij het wilde.

Kunnen twee boeken, die zogezegd van dezelfde God komen, zo met elkaar in tegenspraak zijn? Het is volstrekt onmogelijk dat zij van dezelfde God komen, gezien het feit dat zij elkaar zo tegenspreken. Is de engel Gabriël in de Koran dezelfde als in de Bijbel? Absoluut niet! Hoe kan het bestaan dat alle profeten dezelfde boodschap brengen, behalve Mohammed? In de grote rij van de profeten van het Oude testament heeft nooit iemand iets gezegd dat in tegenspraak was met zijn voorgangers, en er zijn ontelbaar veel profetieën over Christus

in het Oude Testament.
Christus sprak op eigen gezag, terwijl Mohammed dat deed op gezag van een vermeende engel. Als dezelfde Allah beide openbaringen zou hebben gegeven, dan is het niet meer dan logisch dat de boodschap die zij uitdragen met elkaar overeenkomen.
Het feit dat de Koran er alleen maar in het Arabisch is (dat gezien wordt als de taal van de hemel), en niet vertaald kan worden (maar uitsluitend kan worden uitgelegd) laat duidelijk zien dat dit geen openbaring is voor alle mensen. We kunnen in feite veronderstellen dat het niet eens bedoeld was voor alle moslims, aangezien de meesten van hen geen Arabisch kunnen lezen. Onder Arabieren is de ongeletterdheid nog steeds hoog. De universele vertaalbaarheid van de Bijbel in elke mogelijke taal maakt het werkelijk een Boek voor alle mensen. Ook al is het vertaald in een andere taal, het behoudt zijn kracht om te overtuigen, te bekeren, te leiden en te bewaren, omdat het door de Geest gegeven is. (Moslims herkennen deze wederbarende kracht van de Heilige Geest door het Woord echter niet, omdat zij een persoonlijke bekering ontkennen.)
Moslims zullen je zeggen dat zij weten wat de Koran zegt, maar dat is niet altijd het geval. Het is hetzelfde met hen als met naamchristenen, die wel een Bijbel op de boekenplank hebben staan, maar er nog nooit in gelezen hebben. Christenen worden in de Koran veertig keer *Ahl-Alkitab* genoemd (mensen van het Boek), of *Ahl-Linjil* (mensen van het Evangelie). Moslims worden geacht om naar christenen te gaan met hun vragen over de dingen die zij niet begrijpen in hun Koran (Soera 2 vers 130, 136; 16 vers 93; 21 vers 7). Wij zouden tegen moslims kunnen zeggen: 'als je nu werkelijk gelooft in Adam, Noach, Abraham, Mozes, David, Salomo, etc. dan moet je ook in Christus geloven' (vergelijk Galaten 3 vers 29).
De Koran stelt dat de Bijbel, beide het Oude en Nieuwe testament, van God is (Soera 3 vers 3; 5 vers 46, 66; 7 vers 145).
De Bijbel wordt meer dan twintig keer aangeduid met 'het Boek'; 'het Bewijs'; *Al-Dhikr* (wat 'gedachtenis' betekent); 'een licht, een

aansporing en gids om mensen de weg te wijzen' voor hen die erop acht slaan (Soera 3 vers 3, 65; 5 vers 46-47., 66, 68); 'zicht voor de mensen' (Soera 28 vers 43); 'een uitleg van alle dingen en een besluit voor alle zaken' (Soera 6 vers 91, 154). Er staat geschreven in de Koran dat niemand het Woord van God kan veranderen (Soera 6 vers 34, 115; 35 vers 43; 48 vers 23).

Moslims zullen echter niet geneigd zijn om te luisteren naar ons gebruik van de Bijbel, aangezien zij geloven dat de Bijbel zoals wij die nu hebben, niet dezelfde is als in de tijd waarin Mohammed leefde. Velen van hen geloven dat de Bijbel gewijzigd is, dat sommige waarheden eruit verwijderd zijn en andere eraan toegevoegd. Deze verkeerde informatie is de eeuwen door doorgegeven en dit is de universele leer van de islam.

De eerste aanval vanuit islamitische hoek op de authenticiteit van de Bijbel was in de elfde eeuw, en heeft zich toen verbreid naar veel landen, en is vertaald in verschillende talen. De Joden hadden veel zondige tekortkomingen waar de Heere hen van beschuldigde, maar Hij heeft hen er nooit van beschuldigd dat zij de Schriften verdraaiden of veranderden. Zij hebben Gods woord nooit veranderd, ook al begingen zij veel verkeerde daden. Zij hebben gewaakt over de bewaring van Gods woord. Het is volstrekte nonsens dat christenen en Joden bij elkaar zouden hebben gezeten om bepaalde delen uit de Schrift te veranderen, zoals moslims stellen. Zij waren elkaar op veel manieren vijandig gezind. De Bijbel zoals wij die vandaag de dag hebben, is nog exact dezelfde Bijbel als toen de mensen deze lazen in de tijd rond de dood van Mohammed in het jaar 632.

Het verkeerd interpreteren van de tekst moet niet worden verward met het verdraaien en veranderen ervan (Soera 2 vers 75). Het is volstrekt ondenkbaar dat een boek dat zo welverspreid is in de beschaafde wereld – voor en na de opkomst van de islam – zonder enig protest zou zijn verdraaid. De Bijbel bevat ernstige waarschuwingen voor mensen die het Woord van God durven verdraaien (Deuteronomium 4 vers 2; 12 vers 32; Spreuken 30 vers

5-6; Openbaringen 22 vers 18-19). Zouden christenen of Joden het aandurven om zoiets te doen? Is God dan zo zwak dat Hij niet eens in staat is om Zijn levende Woord te beschermen? Vraag moslims de Bijbel te lezen: er is duidelijk harmonie en eenheid in te vinden.

Er is nogal verschil tussen een beschuldiging en het leveren van een bewijs hiervoor. Wij moeten hen vriendelijk vragen om te bewijzen wanneer precies, door wie, en waarom de Bijbel verdraaid was, evenals welke delen het betreft. Was het voor of na de komst van de Koran in de zevende eeuw? Welke historische bronnen kunnen zij aanvoeren als schriftelijke bewijzen voor deze bewering? Wie heeft volgens hen de wijzigingen aangebracht? Als men op zoek gaat naar deze antwoorden, wordt het duidelijk dat de beschuldigingen van de islam geen enkele betrekking op een tijd of plaats hebben. Ze zijn nergens op gegrond en berusten op fabels.

Feiten over de Koran

Als moslims de Koran met dezelfde maatstaven zouden beoordelen als waarmee zij de Bijbel te lijf gaan, zouden ze al gauw ontgoocheld zijn.

- De manuscripten van de Bijbel zijn veel ouder dan die van de Koran.
- Voordat de Koran er was, waren er al negen belangrijke vertalingen van de Bijbel beschikbaar in de volgende talen: Hebreeuws, Aramees, de Septuaginta, de Syrische (bekend als Peshitto), de Koptische (Noord-Egypte), Boharische of Ramfitische (Zuid-Egypte), de Gu'iz (van het Abysinische Rijk), de Georgische (Kaukasus) en de Latijnse (Vulgata).
- Veel moslims hebben de Koran nog nooit aangeraakt, laat staan gelezen. Alles wat zij weten, is hen door de imam (leider van de moskee) verteld. Zij verlaten zich op zijn kennis. In de meeste gevallen leest de imam een tekst voor en geeft er vervolgens zijn uitleg over in de taal van de gemeenteleden. Is dat niet net zo goed een vertaling?

- Is er ergens een moslim te vinden die een origineel kopie heeft van de Koran? Het antwoord is nee. Er is er zelfs nooit een geweest, want het werd eerst geschreven op palmbladeren, ribben en schouderbladen van kamelen, platte stenen, houten borden, etc.
- Het grootste deel van de tekst komt van wat de opstellers ervan zich konden herinneren (Koran betekent 'lezen of opzeggen'). Wij weten echter dat het menselijk geheugen verre van onfeilbaar is.
- Aangezien de Koran heeft bevestigd dat de Bijbel het Woord van God is, hoe kunnen moslims dan zeggen dat het veranderd of verdraaid is?
- Moslims geloven dat de Koran de Bijbel tot vervulling doet komen en bevestigt, en dat daarom de focus nu op de Koran is en niet op de Bijbel. Zij brengen echter een totaal tegenstrijdige boodschap aangaande Wie God is en hoe wij Hem kunnen leren kennen.
- De Koran stelt dat de Bijbel door God aan de profeten, en aan de Heere Jezus, gegeven is (Soera 2 vers 50; 3 vers 3; 5 vers 50; 6 vers 91; 11 vers 20; 19 vers 31; 21 vers 27; 25 vers 37; 32 vers 23; 37 vers 117; 40 vers 56; 57 vers 27).
- De belangrijkste boodschap van het heil in Christus is glashelder, ondanks de tegenwerpingen van moslims over de verschillende bestaande tekstvarianten, en de vermeende wijzigingen.
- In verschillende tekstgedeeltes worden moslims opgeroepen om de Bijbel te lezen en eruit te leren, en niet te strijden met de 'Mensen van het Boek'. 'Als u in twijfel bent over datgene wat wij aan u geopenbaard hebben, stel dan uw vragen aan hen die het Boek dat al voor u bestond hebben gelezen (Soera 10 vers 94; vergelijk 3 vers 3, 84, 5 vers 46).
- De Koran laat zien dat voordat de islam opkwam, de Bijbel vervalst was, en getuigt van de onfeilbaarheid van de Bijbel

(Soera 15 vers 9; 21 vers 7, 48, 105; 18 vers 27). Voordat de islam kwam, was de Bijbel al vijf eeuwen lang diep geworteld in historische en theologische gronden.

- God heeft Zijn Woord oorspronkelijk geïnspireerd in het Hebreeuws (Oude Testament) en in het Grieks (Nieuwe testament), met de bedoeling dat het in alle talen vertaald zou worden, want ook dan blijft het Gods Woord. Volgens moslims is de Koran niet te vertalen. Christenen kunnen de Bijbel bestuderen, maar moslims die geen Arabisch spreken, kunnen de Koran nooit grondig onderzoeken. Voor hen is het een gesloten boek, ook al wordt ieder aspect van hun leven erdoor beïnvloedt.
- De Koran stelt: 'Zeg na (O Mohammed), wat aan jou is geopenbaard over het Boek en stel het gebed in. Zeker, het gebed bewaart voor immoreel en slecht gedrag, en de overdenking van Allah is dieper. En Allah weet wat je doet. En ga niet strijden met de Mensen van de Schrift, behalve als dat beter is, en behalve voor hen die onrechtvaardige dingen doen onder hen…' (Soera 29 vers 45-46).

7. Is Mohammed in de Bijbel voorzegd?

(Deuteronomium 18 vers 15-19; Hooglied 5 vers 16; Johannes 14 vers 16, 26; 16 vers 7-14; Soera 7 vers 157)

OM DE GELDIGHEID van Mohammeds onderwijs aan te tonen, proberen moslims elk geschikt argument aan te dragen om anderen (in het bijzonder christenen) ervan te overtuigen dat Mohammed ook genoemd wordt in de Bijbel. Zij zeggen bijvoorbeeld dat het woord 'halleluja' in de Bijbel eigenlijk 'loof Allah' betekent; dat 'amen' 'Ahmend' betekent, oftewel Mohammed! Als dat er niet staat, houden ze vol dat de Bijbel wel verdraaid moet zijn en niet langer geloofwaardig is. Je kunt hieraan toevoegen dat het woord 'liefste' in Hooglied 5 vers 16 wordt opgevat als nog een verwijzing naar Mohammed – het Hebreeuwse *machamaddim* wordt gehouden voor hetzelfde als Machamad of Muhammad in het Aramees! Dat is erg ver gezocht.

Ware profeten en apostelen werden rechtstreeks geroepen door God, toegerust om grote daden te verrichten en waren uitgezonden om de taken die hen waren opgedragen, uit te voeren. Moslims zijn er absoluut van overtuigd dat de naam en komst van Mohammed voorspeld zijn in de Bijbel, maar dat het verdonkeremaand is door christenen die de tekst met opzet verdraaid hebben (Soera 61 vers 6). Het blijft echter waar, dat ondanks deze aantijgingen Mohammed nergens in de Bijbel wordt genoemd.

De kerntekst waarop zij hun argument baseren is Deuteronomium 18 vers 15-19. Mozes zei dat God een andere Profeet zoals Mozes uit de Joden op zou doen staan. Mozes sprak tot de stammen van Israël kort voor zijn sterven. Deze profeet zou een Jood zijn, en natuurlijk was Christus dat. Voor zover wij weten was Mohammed geen Jood. Hij kwam uit Arabië en de Arabieren hoorden niet bij de twaalf stammen van Israël. Daarom is het dus meteen al uitgesloten dat hij de vervulling van deze tekst zou zijn.

Vlak na het ontstaan van de nieuwtestamentische kerk, verkondigde Petrus in een van zijn eerste preken dat Christus de beloofde Profeet was (Handelingen 3 vers 22-23; vergelijk 7 vers 37). Christus zou in Bethlehem geboren worden (Micha 5 vers 2). Dat was niet het geval voor Mohammed, hij was namelijk geboren in Mekka in Arabië, niet in Bethlehem.

'Uit het midden van u, uit uw broeders' (Deuteronomium 18 vers 15) zou de toekomstige 'Profeet' komen, dat wil zeggen uit de twaalf stammen van Israël. Hij zou een afstammeling van de aartsvader Jakob zijn. De term 'broeders' kan onmogelijk verwijzen naar de Ismaëlieten (van wie moslims zeggen dat zij de afstammelingen zijn van Abrahams lievelingszoon Ismaël, de voorvader van alle Arabieren- tenminste, dat is wat zij beweren). De beloofde zegen van God zou via Izak komen, en niet via Ismaël.

Mozes zei 'zoals mij', en daarom moet de beloofde Profeet lijken op Mozes, die grootgebracht was om zijn volk te verlossen en veel wonderen deed. Mohammed heeft nooit zulke wonderlijke en machtige dingen gedaan; het is een feit dat hij toegaf zelfs nooit een wonder te hebben verricht (Soera 6 vers 50; 29 vers 50).

God sprak met Mozes van aangezicht tot aangezicht, en dat was nooit het geval voor Mohammed (Soera 42 vers 52-53). Geen wonder dat

de Joden het weigeren om Mohammed als profeet te erkennen.
Evenals Christus was Mozes een middelaar tussen God en het volk (Deuteronomium 18 vers 16). Er was een verbond gesloten op de berg Sinaï met Mozes als middelaar. Mohammed gedroeg zich nergens als middelaar, wel wordt van hem geloofd dat hij de woordvoerder van Allah was.
Als er in het Nieuwe testament wordt gesproken over de Heere Jezus Christus, dan wordt er verwezen naar deze profetie (Lukas 24 vers 19, 27; Johannes 1 vers 45; Handelingen 3 vers 22-23; Hebreeën 3 vers 1-6).
Stefanus, de eerste christelijke martelaar, gaf getuigenis voor het Sanhedrin dat de Heere Jezus inderdaad de lang verwachte Profeet was die door Mozes was aangekondigd (Handelingen 7 vers 37).
Er zijn nog veel meer gelijkenissen tussen Mozes en de Heere Jezus. Dat geldt niet voor Mohammed. Naast het doen van wonderen en het optreden als middelaar, waren er veel gebeurtenissen in het leven van Mozes en de Heere Jezus die duidelijke gelijkenissen vertonen: hun leven als baby was in gevaar; zij waren beiden geroepen uit Egypte; zij ondergingen de vernedering en afwijzing door hun eigen volk. De loopbaan van Mohammed heeft daar niets van weg.
Alle moslims beschouwen Mozes als een groot profeet en geloven zijn boodschap en geschriften. Ze weten niet dat Christus gezegd heeft: 'Want indien u Mozes geloofde, zo zou u in Mij geloven; want hij heeft van Mij geschreven. Maar zo u zijn Schriften niet gelooft, hoe zult u mijn woorden geloven?' (Johannes 5 vers 46-47). De profetie uit Deuteronomium 18 is zonder enige twijfel vervuld in de persoon van Jezus Christus, eeuwen voor de geboorte van Mohammed. Dit gaat niet op voor Mohammed, die namens Allah sprak en niet namens de almachtige God van de Bijbel. Samengevat, Mozes was een groot en goed mens (waarvan Numeri 12 vers 3 en Deuteronomium 34 vers 10 getuigen), maar de Godmens Jezus Christus is oneindig veel groter. Christus is de Koning der koningen en de Heere der heren; groter dan Abraham, Mozes, David, Salomo,

ja, groter dan alle profeten. Hij is Heere en Zaligmaker. Hij is de vervulling van alle profeten en is de laatste en grootste profeet van God. Hij is Zijn eigen Zoon; door Hem is de vergeving van de zonde (Handelingen 10 vers 43; Hebreeën 1 vers 1-3).

De profeten en apostelen hebben hun werk volbracht en zijn nu gestorven, maar Christus blijft voor eeuwig Dezelfde in al Zijn werk (Hebreeën 13 vers 8). De Heere Jezus verschaft een betere hoop dan Mozes (Hebreeën 3 vers 1-6; 8 vers 6).

'Zij zagen niemand, dan Jezus alleen' (Mattheüs 17 vers 8). Dit is het geïnspireerde getuigenis nadat Mozes en Elia verdwenen waren en de van-gedaante-veranderde Heere Jezus alleen achterbleef op de berg. Hij was daar alleen in Zijn alles overstijgende heerlijkheid als de vleesgeworden Zoon, in Wie alle profetie tot vervulling komt. Zonder twijfel was Christus de beloofde Profeet die komen zou (Johannes 6 vers 14).

Is Mohammed de beloofde Trooster?

Wij kunnen lezen in de Koran: 'En toen Jezus, de zoon van Maria zei "O kinderen van Israël, voorzeker, ik ben de boodschapper van Allah om dat wat voor mij was, de Thora te vervullen en om jullie goede tijdingen te brengen van een boodschapper die na mij zal komen, wiens naam Ahmad is" (Soera 61 vers 6). De Heere Jezus heeft echter nergens in het Nieuwe Testament zoiets gezegd.

Moslims staan erop dat het Griekse woord *parakletos*, waarmee de Heilige Geest wordt bedoeld in Johannes 14 vers 16, 26; 15 vers 26; 16 vers 7 en wat 'Trooster, Helper of Advocaat' betekent, eigenlijk *periklytos* moet zijn. Dit betekent 'de Verhevene, Geprezene of Geëerde', en zou volgens hen verwijzen naar Mohammed (zijn aardse naam) en *Ahmad* (zijn hemelse naam), en niet naar de Heilige Geest. Dit is het bewijs, zeggen zij, dat de Bijbelse teksten zijn aangepast en dus van de Koran verschillen. Als deze niet veranderd waren, zouden wij nu gelezen hebben dat Mohammed de opvolger van Christus was.

Er zijn duizenden Griekse nieuwtestamentische manuscripten bewaard gebleven, een heel aantal zelfs lang voor de tijd van de islam en Mohammed. Er bestaan variaties op een aantal teksten en ook zijn er verschillen in de spelling van bepaalde woorden (deze hebben nooit betrekking op de christelijke leer), maar er is geen enkele tekst te vinden die de spelling *periklytos* bevat.

De Griekse geschriften van het Nieuwe Testament ondersteunen deze overtuiging van moslims nergens. Ook is het ongeloofwaardig om te suggereren dat de manuscripten uit de vierde eeuw (en eerder) voor de komst van de islam vervalst zijn. Maar wij weten uit de geschiedenis dat een van de kenmerkende gedachten van de islam is dat het zich niets aantrekt van logica, redenering en bewijsvoering; als de Koran iets zegt, kan daar niets tegenin worden gebracht, ook al wordt het tegendeel bewezen.

In Johannes 16 vers 7-11 staat: 'Doch Ik zeg u de waarheid: het is u nut dat Ik wegga; want indien Ik niet wegga, zo zal de Trooster tot u niet komen; maar indien Ik heenga, zo zal Ik Hem tot u zenden. En Die gekomen zijnde, zal de wereld overtuigen van zonde, en van gerechtigheid, en van oordeel: van zonde, omdat zij in Mij niet geloven; en van gerechtigheid omdat Ik tot Mijn Vader heenga, en u zult Mij niet meer zien; en van oordeel, omdat de overste van deze wereld geoordeeld is'.

Moslims beweren echter dat de Heere zei: 'na Mij zal Ik de Geprezene zenden (oftewel Ahmad), en hij zal u in alle waarheid leiden'. Maar we lezen in het Evangelie naar Johannes dat de Trooster en Helper uitgaan van de Vader en de Heere Jezus Christus (Johannes 14 vers 16; 15 vers 26; 16 vers 7). Hoewel Johannes 14 vers 16 vaak wordt aangehaald om te bewijzen dat Christus hier Mohammed mee bedoelt, blijft de vraag: hoe kan dit betrekking hebben op iemand die beide Christus en de Vader ontkent? Er staat toch duidelijk in Johannes 16 vers 14-15 dat de Trooster Christus, en daarmee ook de Vader zal verheerlijken?

Er wordt in de Schriften op zodanige wijze over de Trooster of de

Heilige Geest (in de islam is de engel Gabriël synoniem voor de Heilige Geest) geschreven, dat het overduidelijk is dat Mohammed hier niet mee bedoeld wordt.

De Trooster is de *Geest* van de waarheid, geen *mens* (Johannes 16 vers 13).

De Heere Jezus verwees naar de beloofde Heilige Geest als de 'Geest van de waarheid' (Johannes 14 vers 17). De Bijbel en de Koran zijn met elkaar in tegenspraak, want de beloofde Trooster is geen mens, zoals de Koran leert, maar Geest.

Omdat de Trooster ons door Christus en de Vader gegeven is, daarom is Hij ook gelijk aan de Vader en de Zoon (Johannes 14 vers 23-26).

De Trooster kwam vijftig dagen, en geen vijfhonderd jaren na de opstanding van Christus. Het was immers aan de discipelen beloofd dat Hij spoedig na de hemelvaart van Christus zou komen (Handelingen 1 vers 4-5).

De Trooster zal *voor altijd* bij de gelovigen blijven (Johannes 14 vers 16). Mohammed is al eeuwen geleden gestorven.

De Trooster is de Geest van de waarheid Die de wereld niet kan zien. Hij kan niet worden gezien omdat Hij een geestelijk wezen is (Johannes 14 vers 17). Mohammed was niet meer dan een mens van vlees en bloed.

Wij kennen de Trooster en Hij woont bij ons en in ons (Johannes 14 vers 17). Zij die in Christus geloven, zullen Hem ontvangen (Johannes 7 vers 39). Mohammed woont niet bij en in ons, wij kennen hem niet. Allen die oprecht berouw hebben en geloven in de Heere Jezus, hebben de inwonende werking van de beloofde Heilige Geest en zullen nieuw leven ontvangen (Romeinen 8 vers 9-11).

De Trooster zal de gelovigen de woorden van Christus in herinnering brengen. Dit houdt in dat Hij alles weet (Johannes 14 vers 26; 16 vers 13-14). Mohammed was niet alwetend, en had overduidelijk geen kennis van wat de Bijbel in het algemeen, en het Nieuwe Testament in het bijzonder leert. Hij bracht de discipelen het onderwijs van de

Heere niet in herinnering. De Heilige Geest deed dat.

De Trooster zou niet over Zichzelf spreken, maar zou Christus verheerlijken. De Heilige Geest sprak niet over Zichzelf (wat Mohammed wel deed), maar alleen over Christus (Johannes 15 vers 26; 16 vers 13-14).

De Trooster zal 'de wereld overtuigen van zonde, en van gerechtigheid, en van oordeel' (Johannes 16 vers 8). Mohammed heeft de wereld niet overtuigd van zonde, noch heeft hij iemand gebracht tot een diepe overtuiging ervan. We zullen de Heere alleen zoeken als wij onze verloren staat en onze ellendige toestand zien waarin wij als zondaren verkeren. De ware Trooster is niet Mohammed, maar de Heilige Geest.

De Trooster zou de discipelen laten weten wat er gebeuren zou door hen in alle waarheid te leiden en hen alles in herinnering te brengen wat Christus tot hen gesproken had; en door de apostelen te inspireren om het Nieuwe testament te schrijven (Johannes 14 vers 26; 16 vers 13).

Het is werkelijk een vreemde situatie dat toegewijde en intelligente moslims geloven dat de beloofde Trooster in Johannes 14 vers 16 Mohammed is. Geen van de bovengenoemde verklaringen zijn toepasbaar op Mohammed. Christus verwees overduidelijk en zonder enige twijfel naar de Heilige Geest, niet naar een mens.

De Heilige Geest moet niet verward worden met de engel Gabriël of met de Heere Jezus. Hij is de derde Persoon in de drie-eenheid, en Hij wordt God en Heere genoemd (Handelingen 5 vers 3-4; 1 Korinthe 2 vers 10; 2 Korinthe 3 vers 18; Hebreeën 9 vers 14).

Vragen omtrent Mohammed

Ga niet haastig te werk bij het stellen van vragen over de status van Mohammed, en val ook de persoon van Mohammed niet aan. Het is altijd nog beter om te antwoorden dat onze mening over Mohammed er niet toe doet, maar dat wij een boodschap over Christus hebben, en het Evangelie. Ook kunnen wij het Woord van God laten spreken, dat geeft immers het beste antwoord. Sprekend over Christus zegt het Woord: 'Dezen geven getuigenis al de profeten, dat een ieder die in Hem gelooft, vergeving van zonden ontvangen zal door Zijn Naam' (Handelingen 10 vers 43).

Het is niet moeilijk aan te tonen dat wat moslims vandaag de dag beweren over wat de Bijbel over Mohammed zegt, is gebaseerd op het pseudo-evangelie van Barnabas (geschreven in de vijftiende eeuw door een Italiaanse bekeerling die beide religies wilde verenigen). Het is een boek dat bol staat van tegenstrijdigheden. Het kan opgemerkt worden dat Mohammed nooit wonderen verrichtte, en geen enkele profetie heeft uitgesproken. Ook al zeggen moslims dat Mohammed maar een gewone man was, toch wordt hij in de praktijk vereerd en verheerlijkt alsof hij een of andere god was. Hij is het voorbeeld voor miljoenen mensen, en dat tot in het kleinste detail.

Toch is het ontzettend gevaarlijk voor een niet-moslim (of moslim) om op wat voor manier dan ook iets op Mohammed aan te merken in de moslimwereld. Het geeft steevast aanleiding tot extreme woede en geweld, en heeft de doodstraf tot gevolg.

Toch voldoet Mohammed nergens aan de criteria voor een profeet (Deuteronomium 13 vers 1-5; 18 vers 20-22). Daarentegen zijn er heel veel profetieën die betrekking hebben op de komst van 'Iemand zoals Mozes', die allemaal volkomen tot vervulling zijn gekomen in Jezus Christus, de Godmens: Profeet, Priester en Koning.

8. Allah, is hij dezelfde als God?

ALLAH IS DE PERSOONSNAAM van God in de islam, maar is hij dezelfde God Die wij tegenkomen in de Bijbel? Dienen christenen en moslims dezelfde God? Voor moslims bestaat er maar een God, en dat zonder twijfel; dit moet dan wel dezelfde godheid zijn voor moslims en christenen (Soera 29 vers 46-48). Toch is dat in de verste verte niet mogelijk, want de 'Allah' van de Koran is niet dezelfde als de God van de Bijbel. Er is een enorme kloof tussen hen. Het godsbeeld in de islam verschilt enorm van het beeld dat een christen van God heeft. Allah is niet de Schepper Zoals God Zich in de Bijbel geopenbaard heeft.

Voor de komst van de islam beschouwde men Allah als een van de vele goden van het heidendom in de Arabische wereld, maar dan wel de voornaamste. Pas na een aantal van zijn openbaringen zei Mohammed dat elke andere god verdelgd moest worden, en dat alleen Allah 'god' is en als ware god aanbeden diende te worden. De God van de Bijbel wordt nergens aangesproken met Allah, een naam die komt van een heidense godheid die in Mekka aanbeden werd voor de geboorte van Mohammed. De God van de Bijbel wordt

nergens vergeleken met afgoden. Hij verhoudt zich niet tot heidense goden en staat er totaal los van.
Als wij de Bijbel met de Koran vergelijken, komen wij al gauw tot de conclusie dat zij volstrekt niet spreken over dezelfde God of dezelfde Jezus Christus. De God van de Bijbel is vleesgeworden en Hij schept er behagen in om gemeenschap te hebben met Zijn kinderen. God de Almachtige heeft gezegd dat Hij een Vader voor ons wil zijn, en dat wij Zijn zonen en dochters zullen zijn (2 Korinthe 6 vers 18). Hij is onze Vader, onze Herder, onze Heere en onze Zaligmaker. Onze God is een drie-eenheid. Allah daarentegen is een enig god die zich tot niemand verhoudt (Soera 4 vers 171). Moslims zeggen dagelijks Soera 112 op waarin staat: 'God heeft geen zoon'. Allah wordt in de Koran nergens de 'God van Abraham, Izak en Jakob' genoemd, of de Vader en Vriend van gelovigen.
De God van de Bijbel is een persoonlijke God, geen onbereikbare God Die veraf is; Hij is altijd getrouw.
De Koran gebruikt nergens het woord 'Vader' als verwijzing naar God, en moslims ontkennen dat God een Zoon heeft of kan hebben. Maar dan het onderwijs van de Heere Jezus waarin Hij ons leert te bidden: 'Onze Vader...' (Lukas 11 vers 1-4).

DEEL 3

HOE WIJ MOSLIMS KUNNEN HELPEN

ALS WIJ MOSLIMS proberen te bereiken, moeten wij er ons bewust van zijn dat zij opgeroepen worden om actief hun geloof te delen met anderen en hen aan te sporen om Allah te volgen. Zij leren dat alleen hun godsdienst de ware is. Zij zijn ijverig en zijn zo overtuigd van hun geloof dat het moeilijk is om hen van gedachten te doen veranderen.

Moslims zien het als een grote overwinning: (1) als een kerk wordt gekocht en als moskee in gebruik wordt genomen; (2) als iemand uit het westen zich bekeert tot de islam; (3) als een moslim met een 'christelijke' vrouw trouwt. Deze 'overwinningen' zijn aan de orde van de dag.

Toch is het mogelijk om moslims voor Christus te winnen. Wij hebben onverwachte mogelijkheden om moslims over de hele wereld te benaderen. Het is zelfs omgekeerd – zij komen naar ons toe. Hieronder volgen een aantal manieren waarop we met moslims in gesprek kunnen gaan. Deze zijn bruikbaar voor al het evangelisatiewerk, maar in het bijzonder voor het evangeliseren onder moslims.

Zorg dat je een grondige kennis van de Bijbel hebt

Het is goed om enige kennis van de islam te hebben, maar veel belangrijker is het om onze Bijbel te kennen, evenals de leerstukken en theologie van het christelijk geloof. Het is cruciaal dat wij kennis hebben van de boodschap die wij uit willen dragen, en zijn betekenis. Wij moeten bidden of de Heere ons wil helpen om Zijn Woord beter te verstaan en dat onze persoonlijke verhouding tot de Heere mag groeien.

Maak het moslims duidelijk wat het betekent om een christen te zijn. Benadruk het onderscheid tussen de westerse samenleving en het echte christendom (het verschil tussen naamgeloof en het ware geloof).

Het is niet aan ons om hen een of meer lessen te geven over de islam, alsof wij hen een gratis cursus zouden moeten geven over hun eigen religie! Het mag verondersteld worden dat zij die kennen; het is niet aan ons om hen daarin te onderwijzen. Het is onze taak om te bewijzen dat de Bijbel, hoewel vertaald in veel verschillende talen, authentiek is gebleven, onfeilbaar is, betrouwbaar en waarheidsgetrouw.

Intimideer niet

(1 Petrus 3 vers 14; vergelijk psalm 56 vers 11; 118 vers 6-7; Mattheüs 10 vers 28; Hebreeën 13 vers 6)

Zijn wij werkelijk begaan met hun zielenheil? Liefde bant de vrees uit. 'Er is in de liefde geen vrees, maar de volmaakte liefde drijft de vrees buiten; want de vrees heeft pijn, en die vreest, is niet volmaakt in de liefde (1 Johannes 4 vers 18). Mensenvrees is een van de vele obstakels in het evangeliseren onder moslims, want het kan je verlammen en Satan gebruikt het als wapen. Mensenvrees kan ons verblinden en weerhoudt ons ervan om te getuigen; het moet overwonnen worden door de vrees voor God, want dat is 'het beginsel van de wijsheid', (Spreuken 1 vers 7; 2 Korinthe 5 vers 11). Wij moeten vertrouwen hebben dat de aanwezigheid en kracht van de Heilige Geest bekeringen teweeg brengt. Het is niet zo dat moslims moeilijker te bereiken zijn met het evangelie dan andere mensen. God heeft niet meer werk aan het bekeren van een moslim; en bovendien, het hart van de mens is overal hetzelfde (Jeremia 17 vers 9; Romeinen 3 vers 10-23). Niemand valt buiten Gods bereik. Stonden wij er meer voor open dan moslims, voordat de Heere onze ogen opende, ons trok en redde? Wij hebben allen de hulp van de Heilige Geest nodig om onze opstand te zien en vergeving te vragen. Het is zelfs zo dat moslims over het algemeen godsdienstiger zijn en makkelijker te bereiken dan de gemiddelde westerling.

Toch moeten wij er bedacht op zijn dat moslims van kinds af aan geïndoctrineerd zijn met een vijandschap tegen het christendom, en dat hun hele manier van leven van jongs af aan gevormd is om zich te verzetten tegen alles wat christelijk is. Wij moeten ons niet laten intimideren als zij agressief worden in hun toon of woordgebruik, of als zij de indruk wekken dat zij pal voor hun waarheid staan.

Wees vriendelijk en hartelijk

De waarheid moet altijd met liefde worden verteld (Efeze 4 vers 15). Het Evangelie gaat niet over iets, maar het *is* Iemand. Leef op zo een wijze dat de liefde van Christus merkbaar is in je leven. 'Laat uw licht alzo schijnen voor de mensen, dat zij uw goede werken mogen zien, en uw Vader, Die in de hemelen is, verheerlijken' (Mattheüs 5 vers 16).

Wees oprecht in het tentoonspreiden van de liefde van Christus, en doe het niet uit plichtsbesef. Wanneer je getuigt van het geloof, wees dan open en toegankelijk, niet alleen naar alle zondaren, maar in het bijzonder naar moslims omdat zij zich misschien afgewezen voelen door westerlingen. Liefde wint het van haat, wantrouwen en verdenking. Het is niet verwonderlijk dat dit het tweede grote gebod is (Markus 12 vers 31). Heb een liefde voor de ziel van je medemens en laat het je op het hart gebonden zijn.

Wees behulpzaam en geef hulp waar en wanneer het kan, en niet alleen op afspraak (Galaten 6 vers 9).

Het is onze taak om niet de discussie te winnen, maar om de persoon in te winnen voor Christus. Je hebt er niets aan als je de discussie wint, maar de ziel verloren ziet gaan. Herinner je het advies wat Paulus aan Timotheüs gaf (2 Timotheüs 2 vers 14), als je in een gesprek bent met moslims: 'dat zij geen woordenstrijd voeren, hetwelk tot geen nut is dan tot verkering van de toehoorders'. Wij zijn niet uit op nodeloze confrontaties. Zonder het Evangelie is ons getuigenis zinloos.

Als je buren moslim zijn, breng hen dan een bezoek en praat met hen. Als er op je werk iemand moslim is, probeer dan een vriendschappelijk band te creëren, dat is een krachtiger getuigenis. Daden zeggen veel meer dan woorden naar moslims toe. Heb hen lief en neem elke gelegenheid waar als die zich aandient.

Wees altijd eerlijk en hoffelijk wanneer je je argumenten aandraagt. Laat je nooit verleiden tot boosheid of geruzie, wat zij ook zeggen. Laten wij van het geloof getuigen in alle wijsheid, de tijd uitkopend. Spreek altijd op een beleefde manier, en verlaag de persoon tot wie je spreekt niet (Colossenzen 4 vers 2-6).

Wees altijd gereed om van je geloof te getuigen

(Romeinen 10 vers 9-10; 1 Petrus 3 vers 15)

We moeten altijd het doel voor ogen houden als wij ons getuigenis geven aan anderen. Knoop met hen een gesprek aan zoals je dat met ieder ander zou doen. Deel je eigen bekeringsverhaal met hen. Dit is iets waar iedere christen toe in staat zou moeten zijn, zonder een ervaren theoloog of predikant te zijn. Leg uit en vertel over de zekerheid die wij hebben over de hemel en de bescherming van de

Heere. Onderschat nooit de kracht die uitgaat van een persoonlijk getuigenis. God nodigt alle mensen, inclusief moslims om Hem aan te roepen met de belofte: 'Roep tot Mij, en Ik zal u antwoorden; en Ik zal u bekendmaken grote en vaste dingen, die u niet weet.' (Jeremia 33 vers 3). Moslims horen graag vertellen over vernieuwende kracht van God in het leven van een mens. Geef hen een aantal voorbeelden van hoe God uw gebeden heeft verhoord. Vertel hen hoe zij vrede met God kunnen vinden (Jesaja 26 vers 3; Johannes 14 vers 27; Romeinen 5 vers 1; Colossenzen 1 vers 20). Als je over je bekering vertelt, houd het eenvoudig en overdrijf niet.

Ik hoorde van een Egyptische man die zich afvroeg hoe hij tegen zijn vrouw moest getuigen nadat hij tot bekering was gekomen. Door de genade van de Heere Jezus was zijn denken radicaal veranderd en ook hoe hij met haar omging. Toen hij een nieuw schepsel werd in Christus deden zijn nieuwe gedrag en leven, dienstbaarheid en liefde zijn vrouw verbaasd en verwonderd staan. Toen zij hem vroeg hoe het kwam dat hij zo veranderd was, vertelde hij haar dat het kwam omdat hij een nieuwe Vriend had Die hem goede raad gaf. Zij drong erop aan dat zij deze Vriend wilde leren kennen; en zo kon hij met haar spreken over de Heere Jezus.

Vermijd stereotypen en algemeenheden

Bekijk mensen zonder vooroordeel. Wij moeten er niet zondermeer van uitgaan dat moslims niet in het Evangelie geïnteresseerd zijn en dat zij er niet van willen horen. Niet elke moslim is een extremist, een Arabier of Sjeik, intolerant – of iemand die meerdere vrouwen heeft. Laat de moslim begrijpen dat er verschil is tussen het christendom en het westerse gedachtengoed, want stereotypen zijn er aan beide kanten.

'Moslim' is een godsdienstige term: een moslim is iemand die zich houdt aan de religie van de islam. 'Arabier', aan de andere kant is een etnische en taalkundige term; Arabieren spreken Arabisch. Het is waar dat de islam zijn oorsprong heeft onder de Arabieren, en de

Koran geschreven is in het Arabisch, maar niet alle moslims zijn ook Arabier (bijvoorbeeld: de Turken, Koerden, Iraniërs, Pakistanen, Maleisiërs, Indonesiërs, en verschillende Afrikaanse landen), en niet alle Arabieren zijn moslim.

Gebruik het Woord van God

Wek nooit de indruk dat je gelooft dat de Koran door God is geopenbaard. Lees uit de Bijbel, ga er niet zomaar uit citeren. Wij willen juist dat mensen het Evangelie horen, en daarom verwijzen wij alleen naar de Koran indien nodig. Spoor de vraagsteller aan tot het lezen van de Bijbel (in het bijzonder het Nieuwe Testament), zonder vooringenomen te zijn. Het merendeel van de moslims is niet door de Heere bekeerd door de kracht van argumenten maar door het lezen van de Bijbel.

Het is altijd beter om een geïnteresseerde moslim zelf een bijbel te laten kopen, men waardeert iets wat gratis weggegeven wordt over het algemeen niet erg. Geef niet zomaar Bijbels weg. Als de Bijbel zo kostbaar is, dan moet het volgens de gedachtegang van de moslim ook wat kosten. Het is beter als iemand erom vraagt, nog beter als iemand er zelf een koopt. Op die manier ziet men de waarde ervan in. Natuurlijk kunnen wij hen het Nieuwe Testament en delen uit de Schrift geven.

Gebruik geen beduimelde of stukgelezen Bijbel. Wij hebben al eerder gezien hoe moslims hun heilige boek met respect behandelen. Leg het niet op de vloer of gooi het achteloos op de tafel na gebruik. Zij zullen zich hierdoor beledigd voelen en niet meer willen luisteren. Vermijd het gebruik van een Bijbel met rode letters erin, want het zal hen doen denken dat de rode letters van God komen en de andere niet. (Ook moet men een Bijbel nooit meenemen naar de badkamer of het toilet, en daar al helemaal niet achterlaten.)

Het Evangelie naar Mattheüs is het meest bekend bij moslimtheologen omdat het de zaligsprekingen en de Bergrede bevat. Raad hen aan om met het Evangelie naar Mattheüs te beginnen.

Stel vragen die aan het denken zetten

Het stellen van vragen helpt om elke dubbelzinnigheid te vermijden en brengt ons bij de kern. Bijvoorbeeld: Weet u waar u zult zijn na uw dood? Wie is God? Waarom zou een heilig God *u* de hemel binnen laten gaan? Wat denkt u van de verklaring dat Jezus de Zoon van God is? Kun je zeker zijn van je zaligheid? Zijn uw zonden vergeven? Heeft u een antwoord op de vraag waarom er lijden is in deze wereld? Waarom is een mens niet in staat om een heilig leven leiden? Waarom is er zonde in de wereld? Mag ik u vertellen wat de Bijbel leert? Heeft u wel eens gehoord over de ware Heere Jezus? Heeft u ooit de Bijbel gelezen?

Vraag mensen wat ze weten over de schepping, de zondeval en de zonde. Weten ze dat één zonde genoeg is om een zondaar naar de hel te sturen? Begrijpen ze waarom er dood en lijden is?

Als christenen moeten wij in staat zijn deze dingen aan moslims uit te leggen. Alle antwoorden staan in de Bijbel. Vertel hoe de zonde alle mensen verontreinigt, en dat wij daarom een Zaligmaker nodig hebben. Laat degenen met wie je een gesprek hebt, merken dat hemel, hel, zonde en geestelijke dingen een zaak zijn van leven of dood. Moslims geloven dat Allah almachtig is en daarom alles kan, zelfs het 'door de vingers zien' en het 'vergeven' van de zonde, zonder deze te straffen. Vertel hen dat de God van de Bijbel heilig is, en leg uit wat dat betekent – dat Hij de zonde moet straffen – of de zondaar of een plaatsvervanger, Zijn eigen Zoon.

Als je over Christus spreekt, gebruik dan altijd een van Zijn namen of eigenschappen: Jezus Christus, de Heere Jezus, Jezus de Zaligmaker of Redder, enz. Daarin eer je Hem. Dat doen zij ook met iedere profeet die zij bij name noemen. Als je in hun aanwezigheid bidt, eindig dan je gebed met dezelfde namen of titels, en niet haastig met 'om Jezus wil'. Hij is immers God.

Leg aan moslims uit dat wij niet geloven in drie goden, maar dat wij één God dienen, onderscheiden in drie Personen.

Wijs hen erop dat het niet *Shirk* (afvallig zijn) is om in Christus te geloven, en dat Christus volkomen voldoet aan dat wat Hij gedaan heeft en wie Hij is (Soera 3 vers 48). De eerlijkheid gebiedt te zeggen dat zij van hun kant Mohammed hebben opgehemeld tot een soort van godheid.

Vertel hen dat zaligheid alleen te verkrijgen is uit genade en door het geloof (Efeze 2 vers 8-10). Leg uit wat 'genade' en 'geloof' betekenen. Wijs hen op het belang van berouw over de zonde. Het christendom is het geloof van een gebroken en verslagen hart (Psalm 51 vers 17), niet dat van geestelijke zelfgenoegzaamheid of geestelijke hoogmoed wat voorkomt uit eigengerechtigheid.

Ga geen nutteloze discussies of twistgesprekken aan

Vermijd discussies waarin de confrontatie wordt aangegaan. Wees bereid tot luisteren en voorkom een haastig antwoord; zorg er ook op een beleefde manier voor dat er naar u geluisterd wordt (Jakobus 1 vers 19; vergelijk Spreuken 15 vers 28; 18 vers 13; 29 vers 20). Voorkom eindeloze vragen over onbelangrijke zaken; wees altijd bereid om met wijsheid en zachtmoedigheid te antwoorden (1 Petrus 3 vers 15). Om nog maar eens te herhalen wat wij al zeiden, het is niet je doel om een discussie te winnen, of je gelijk te halen in een vervelend gesprek; het is genade van God als zielen worden ingewonnen voor Christus.

Houd je doel voor ogen en laat je niet afleiden of meesleuren. Leg in plaats van te discussiëren de Bijbelse principes uit van Gods liefde, heiligheid, vergeving, hoop en redding. Probeer te voorkomen dat het gesprek in eindeloze vragen uitmondt. Probeer te bedenken dat de Schrift zijn eigen uitlegger is. Zoals Spurgeon zei, de Bijbel hoeft niet verdedigd te worden. Wij moeten erop letten dat als wij in gesprek gaan, wij ook als doel moeten hebben om alle misvattingen die het Evangelie hinderen, uit de weg proberen te ruimen. Tact en verstand zijn nodig. Ook al mondt het uit in een meningsverschil, blijf respectvol en netjes.

Houd een 1-op-1 gesprek

Familie is alles voor moslims. Over het algemeen leven zij in de gemeenschap. ZIJ horen bij elkaar. Als individu besta je niet, er is alleen de gemeenschap. Iedereen is bang dat zijn vrienden het bij de imam, zijn ouders of familie melden als hij geïnteresseerd is in het Evangelie. Daarom voelen zij zich in het bijzijn van familie gedwongen tot het verdedigen van de islam, vooral in het westen. Het is het beste om een individueel gesprek aan te gaan, omdat men vaak erg gevoelig is voor druk en gezichtsverlies (gezichtsverlies wordt in het Midden-Oosten als veel erger beschouwd dan in het westen).

Het is het meest ideaal als een vrouw de vrouwen aanspreekt, en een man de mannen; moslimgemeenschappen hebben vaak regels over het contact tussen getrouwde mannen en vrouwen. Het niet respecteren van deze regels berokkent onze getuigenis veel schade. Het is goed om in de gaten te hebben dat moslimvrouwen (zelfs in het westen) niet gewend zijn om zelf beslissingen te nemen, omdat hun vaders of broers dat normaal gesproken voor hen doen. Sommige vrouwen weigeren mannen een hand te geven (laat hen hiervoor het initiatief nemen; doen zij het niet, leg je er dan bij neer). Onthoud dat veel moslims alle westerlingen als immoreel en zondig beschouwen.

Denk niet dat zij zich beledigd zullen voelen als je hen uitnodigt voor het eten. Zorg alstublieft dat het eten '*Halal*' is, het Koninkrijk van God gaat immers niet over eten en drinken (Romeinen 14 vers 17; 1 Korinthe 8 vers 8). Reik hen niets aan met je linkerhand (die als onrein wordt gezien). Varkensvlees is verboden, en om hen dat aan te bieden zal als een grove belediging worden opgevat.

Als je een hond als huisdier hebt, houd het dier dan als het even kan alstublieft uit de buurt, en aai het zeker niet in het bijzijn van een moslim omdat het als 'onrein' wordt gezien. En kijk er ook niet verbaasd van op als uw gast de enthousiaste begroeting van uw hond niet kan waarderen.

Wij zouden zo gastvrij moeten zijn als Martha en Maria, en een warm welkom hebben voor iedereen (Lukas 10 vers 38-42). Ons huis is de perfecte plek om van ons geloof te getuigen en het aan moslims uit te leggen. Er is niets tegen gastvrijheid en vriendschap, en deze dingen worden erg gewaardeerd door moslims overal ter wereld. In veel gevallen is gastvrijheid de ingang tot hun hart.

Laat het vragen om een zegen over de maaltijd nooit achterwege, in het bijzonder wanneer er moslims te gast zijn. Zoek hen thuis op en wacht niet tot zij u uitnodigen. Een onaangekondigd bezoek zal hen blij verrassen en zal worden gezien als een teken van vriendschap. Een moslim voelt zich vereerd door je bezoek. Vergeet niet dat tijd niet zo belangrijk is voor de gemiddelde moslim.

De vastenmaand Ramadan is niet zo geschikt voor huis-aan-huis bezoeken. Als je een man bent, breng je moslimburen dan nooit een bezoek als alleen de vrouwen thuis zijn. Houd rekening met je kleding: laat het conservatief en kuis zijn.

Houd het geestelijk gesprek beperkt tot een of twee onderwerpen: hiermee houd je het gesprek binnen de kaders en voorkom je dat er van de hak-op-de-tak wordt gesprongen. Houd in het gesprek je doel voor ogen. Geef waar nodig uitleg over de theologische termen, zoals wedergeboorte, verlossing, het bloed van Christus, verzoening, de Heilige Geest, het Evangelie, enz.

In tegenstelling tot wat de meeste boeken ons leren over hoe wij moslims moeten onderwijzen, vermijd de woorden 'Zoon van God' of 'drie-eenheid' niet. Leg het in gemakkelijke bewoording uit, want moslims hebben een verkeerd beeld bij deze termen. Maak duidelijk dat wij niet geloven dat Maria de 'vrouw' van God is, of dat de Heere Jezus de Zoon van God is in natuurlijke zin. Spreek over het zondeloze leven van Christus, de Zoon van God; de vele profetieën over hem; de betekenis van Zijn Namen; waar Hij nu is, en Zijn wederkomst die een einde zal maken aan deze wereld.

Bid en volhard

(Efeze 6 vers 18; Colossenzen 4 vers 2-3; 1 Thessalonicenzen 5 vers 17)

Zoals het zo vaak wordt gezegd, gebed brengt verandering teweeg. Wij voeren een geestelijke strijd; gebed en voorbede voor anderen zijn van levensbelang. Onze wapens zijn geestelijk, niet vleselijk (2 Korinthe 10 vers 3-5). Neem de gelegenheid waar om iedere zondaar te bereiken, met een nederige geest en met bewogenheid. Wij moeten de Heilige Geest ootmoedig vragen om ons te leiden. Wees geduldig als je meermalen tegen dezelfde persoon getuigt. Laten wij in biddende afhankelijkheid op de Heere vertrouwen om gelegenheden waarin wij kunnen getuigen. Bid om een geopende deur. Wees wijs als de slangen en voorzichtig als de duiven (Mattheüs 10 vers 16). Neem iedere gelegenheid waar om op een vriendelijke en voorzichtige manier van het geloof te getuigen, tijdig en ontijdig (2 Timotheüs 4 vers 2). Zoals voor de meeste zondaren geldt, moeten moslims het Evangelie meer dan één keer horen voordat zij het begrijpen, en voordat de Heilige Geest hen tot een diepe overtuiging brengt van zonde en de noodzaak van de Zaligmaker. Streef ernaar om erachter te komen *wanneer* je moet spreken en ook *hoeveel je spreekt.* Wees zachtmoedig en spreek op een vriendelijke manier. 'Een zacht antwoord keert de grimmigheid af, maar een krenkend woord wekt toorn op (Spreuken 15 vers 1). Laat hen zien en weten dat wij bidden (en dat het geen ritueel is), en dat wij ook voor hen bidden. Het belang van het gebed kunnen wij niet genoeg benadrukken, evenals ons gebedsleven dat ons zal sterken in het getuigen van ons geloof. Bid dat anderen een geopend oor en hart mogen ontvangen (Handelingen 16 vers 14). Een aanhoudend gebed zonder ongeduldig te worden brengt meer teweeg dan wij durven hopen. Moslims zijn over het algemeen erg geduldig, wij moeten dat ook zijn. Je kunt jezelf tenminste aanmoedigen dat je iemand probeert te bereiken die in God gelooft, en geen koude en ontoegankelijke atheïst.

Zeg nooit iets negatiefs over de Koran, Mohammed en moslims

Wij willen zeker geen moslims beledigen of krenken. Wij moeten geen kritiek uiten over hun godsdienst. Trek niet in twijfel dat Mohammed een profeet is, praat er ook niet over dat hij veel vrouwen had; dat hij geweld pleegde; of zijn leven. Het heeft geen nut, en wanneer je zijn persoon of moraal aanvalt, is het onvermijdelijk dat het beantwoord wordt met boosheid en dat je de aandacht van de luisteraar verliest. Ga geen politieke discussies aan. Vermijd controversiële zaken (zoals Israël en de Palestijnen) en andere zaken die er minder toe doen. Geef de feiten weer, het bewijs ervoor, en de beloftes uit de Bijbel die waar zijn voor eenieder die zijn vertrouwen stelt op de Heere Jezus. Geef hen het bewijs dat de Bijbel waar is en nooit is veranderd.

Verwacht niet dat men onmiddellijk tot bekering komt

Bekering is het werk van de Heilige Geest, ook al geloven wij dat de Heere daar ook mensen voor gebruikt. Wij verwachten niet dat wij zaaien en oogsten op een dag. Evangeliseren vereist gebed, geduld en volharding. Het is eerder een marathon dan een sprint. Als een moslim oprecht zoekend is, moeten we hem nooit onder druk zetten om voor Jezus te 'kiezen'. Sta hem toe om een christen te worden, geen 'westerling'.

Een moslim moet weten dat het hem wat kost als hij de islam vaarwel zegt, want ook al is de zaligheid uit genade en om niet, hij moet nooit de indruk krijgen dat genade geen consequenties heeft. Wanneer een moslim de Heere heeft gezocht en gevonden, laat hem, en niet u, er openlijk voor uitkomen. Focus niet alle aandacht op hem alsof het iets is om mee te pronken.

Ons geloof en onze vijf zuilen

Als alternatief voor de vijf zuilen van de islam, kunnen christenen ook spreken over de vijf zuilen of vijf Sola's van de Reformatie (de vijf leerstukken van genade).

Sola Scriptura of alleen door de Schrift: de heilige Bijbel (die het Oude en Nieuwe Testament bevat) is van begin tot eind geïnspireerd door God en heeft het laatste woord in alle zaken omtrent geloof en praktijk. De Bijbel is waar en betrouwbaar en stijgt uit boven menselijke tradities en ideeën.

Sola Fide of door genade alleen: rechtvaardigmaking voor God is alleen door het geloof 'zonder de werken van de wet' (Romeinen 3 vers 28); want zonder geloof is het onmogelijk om God te behagen…' (Hebreeën 11 vers 6).

Sola Gratia of door genade alleen: genade is een vrije gift en gunst van God. Redding is alleen mogelijk uit genade en door het geloof (Efeze 2 vers 8-10). Wij kunnen er niets aan bijdragen. Alles wat wij hebben is door genade (2 Timotheüs 1 vers 9).

Solus Christus of door Christus alleen: Christus is de enige geschikte Middelaar tussen God en mensen. Zijn werk aan het kruis van Golgotha is volledig toereikend om voor de zaligheid van Zijn kerk te betalen.

Soli Deo Gloria of aan God alleen de eer: het eindelijke doel van de redding is om God de Vader eer en lof te brengen door de Heere Jezus Christus door de kracht van de Heilige Geest.

Een woord van conclusie

'De hele wereld ligt in het boze' (1 Johannes 5 vers 19). De islam ontkent de fundamentele leerstukken die zo belangrijk zijn voor christenen en voor de redding van de mensheid. Het brengt iets in tegen de Godheid en ontkent dat Christus de Zoon van God is. Het spreekt Zijn dood tegen, Zijn plaatsvervangende verzoening, en Zijn opstanding.

In de meeste islamitische landen hebben christenen geen recht van bestaan. In andere landen worden zij hooguit getolereerd. In veel landen verspreid over deze wereld is er uitsluiting en vervolging. Sommige islamitische landen zijn er op uit om het christendom geheel uit te roeien.
Helaas zijn veel moslims nog nooit in aanraking geweest met het echte christendom, en verdrietig genoeg zijn er weinig die ooit een ware christen hebben ontmoet of van het Evangelie hebben gehoord. Zij kennen de Heere niet en wij moeten er niet vanuit gaan dat zij de Bijbel kennen of iets begrijpen van het ware christendom.
Als iedereen die belijdt dat hij een christen is, dit oprecht was, zou de islam allang verdwenen zijn. Naamchristenen hebben het geloof ontzettend veel schade berokkent, en zijn voor moslims een eenvoudig doelwit om tot de islam te bekeren. Er moet in de kerken gepreekt worden over oprecht berouw, en men moet zich verre houden van oppervlakkige bekeringen waarin er geen verandering plaats vindt in het leven van de zondaar. Evenals andere godsdiensten is de islam er het onvermijdelijke bewijs van dat God ons aan onze zonde heeft overgegeven. Wij moeten bidden dat de 'schellen' van hun ogen zullen vallen, en dat het licht van het heerlijke Evangelie van Christus, Die het beeld van God is, over hen mag schijnen. Wij moeten bidden dat de Heere er behagen in zal hebben om ons als instrument te gebruiken in de oogst van de zielen van moslims. Moge Hij ons het benodigde vurige verlangen geven!

'De vrucht des rechtvaardigen is een boom des levens:
en wie zielen vangt, is wijs' (Spreuken 11 vers 30).

Printed by Amazon Italia Logistica S.r.l.
Torrazza Piemonte (TO), Italy

42841111R00063